「本」をめぐる新たな見取図

本の学校・出版産業シンポジウム
2016への提言（2015記録集）

本の学校 編

出版メディアパル

「本」をめぐる新たな見取図　本の学校・出版産業シンポジウム2016への提言（2015記録集）―目次

はしがき……4

第1部　特別講演――7

書店の現在と可能性――実践する経営者の視点から……8
コーディネーター：星野渉（文化通信社／本の学校副理事長）
パネリスト：嶋崎富士雄（文教堂グループホールディングス）
松信健太郎（有隣堂）
佐藤友則（総商さとう／ウィー東城店）

第2部　分科会――45

第1分科会
「著者の発掘・育成・発表」の新たな形……46
コーディネーター：梶原治樹（扶桑社／本の学校理事）
パネリスト：菊池健（トキワ荘プロジェクト）
佐渡島庸平（コルク）

第2分科会
リニューアルは書店に新たな命を吹き込むか？……88
コーディネーター：和氣正幸（ＢＯＯＫＳＨＯＰ ＬＯＶＥＲ）
パネリスト：長﨑健一（長崎書店）
山崎幸治（一進堂／ＣＨＩＥＮＯＷＡ ＢＯＯＫ ＳＴＯＲＥ）
塩澤広一（一進堂／ＣＨＩＥＮＯＷＡ ＢＯＯＫ ＳＴＯＲＥ）

第3分科会
「本との出会い方」——読書情報の変化とこれからの読者像……130
コーディネーター：松井祐輔（『ＨＡＢ』発行人／本屋「小屋ＢＯＯＫＳ」店主）
パネリスト：大西隆幸（ブクログ）
久禮亮太（久禮書店〈ＫＵＲＥ ＢＯＯＫＳ〉店主）
仲俣暁生（編集者、文筆家、『マガジン航』編集発行人）

第4分科会
図書館と書店でひらく本のまち……174
コーディネーター：柴野京子（上智大学／本の学校理事）
パネリスト：伊東直登（塩尻市立図書館）
齊藤秀（山梨県立図書館）
須藤令子（朗月堂）

はしがき

２０１５年から２０１６年にかけての出版界では、大型書店の統廃合や中堅販売会社の倒産・廃業などといった大きな〝事件〟が相次いだ。今までの出版産業がこのまま継続・維持されていくと信じる人はもはやどこにもいないだろう。コンテンツ流通の仕組みが大きく変化している現状で、「本」はどのような存在となるのか。「本」の作り手、届け手、読み手はどう変貌していくのか。既存の考えの延長ではない、新たな視点で現状を見つめ直し、今後の世界を予測し創造することが、今後の出版界に求められている。そして、そんな今こそ、我々「本の学校」が目指している、既存の考え方・立場を超えた「聖域なき議論の場」が必要な時代になっている、とも言えるだろう。

「本の学校」は、鳥取県と島根県に店舗を展開する今井書店グループが、書店人育成や読書普及などの目標を掲げて１９９５年に立ち上げた事業で、同年から5年間にわたり鳥取県大山町で開かれた「本の学校・大山緑陰シンポジウム」では、出版業界や図書館などの関係者から本に関心のある一般読者まで、幅広い人々が集まり、「地域から描く21世紀の出版ビジョン」を総合テーマに、出版や本の現在と将来について熱い議論を交わした。

「本の学校・出版産業シンポジウム」は、その志を引継ぎ、２００６年から東京国際ブックフェアの期間に合わせて開催してきた。２０１２年からは、本の学校がＮＰＯ法人として、これまで以上に公共的な立場から活動を充実させており、本書に収録されている２０１５年のシンポジウムでは、本書の書名にもなっている「『本』をめぐる新たな見取図」をテーマに掲げ、特別講演および４つの分科会を開催した（以降、肩書きなどは開催当時のもの）。

特別講演は「書店の現在と可能性 ―実践する経営者の視点から」と題して、文教堂グルー

プホールディングスの嶋崎富士雄氏、有隣堂の松信健太郎氏、ウィー東城店の佐藤友則氏によるパネルディスカッションを行った。コーディネーターには本年も、ＮＰＯ本の学校副理事長を務める、文化通信社の星野渉が就いている。書店経営環境の厳しさが増す中で、各者が生き残りを賭けて取り組む新たな事例について紹介いただき、参加した方々からも「前向きな話を多数聞かせていただき、ためになった」という声をいただいた。

第一分科会は「『著者の発掘・育成・発表』の新たな形」と題し、漫画家の育成支援を行っている「トキワ荘プロジェクト」の菊池健氏、出版社から独立して独自の活躍を続けるコルクの佐渡島庸平氏のお二人から、主にコミックにおける市場の変化、そこで著者を育成することについての話を伺った。変化の激しいジャンルではあるが、全体的な流れ、傾向を捉える意味ではとても重要な、本質的で有意義な話だったであろう。

第二分科会は「リニューアルは書店に新たな命を吹き込むか？」と題し、熊本・長崎書店の長崎健一氏、埼玉・一進堂「ＣＨＩＥＮＯＷＡ ＢＯＯＫ ＳＴＯＲＥ」の山崎幸治氏、塩澤広一氏をお招きした。コーディネーターには、本屋を応援するＷｅｂサイト「ＢＯＯＫＳＨＯＰ ＬＯＶＥＲ」を運営する和氣正幸氏が務め、改装のコンセプトづくりから人材育成、コストダウンの方法など、非常に具体的な話を数多く引き出していただいた。

第三分科会は『ＨＡＢ』発行人の松井祐輔氏がコーディネーターを務め、読書情報サイト「ブクログ」の大西隆幸氏、フリー書店員としてさまざまな活動をしておられる久禮亮太氏、編集者・文筆家・『マガジン航』編集発行人である仲俣暁生氏のお三方から「『本との出会い方』―読書情報の変化とこれからの読者像」というテーマで話を伺った。書店店頭や新聞書評といった既存の接点から、ウェブ・ＳＮＳなどにおける読書情報発信の現状と今後の可能性について、非常に多岐にわたる議論を行うことができた。

第四分科会は「図書館と書店でひらく本のまち」というテーマで、コーディネーターにNPO本の学校理事でもある、上智大学の柴野京子が務め、パネリストに山梨県立図書館の齊藤秀氏、朗月堂の須藤令子氏、塩尻市立図書館の伊東直登氏が登壇し、図書館と書店、地域ぐるみで仕掛けている読書推進イベントの実践例について、これまた多岐にわたる話を伺った。「図書館と書店の連携」は、本の学校でも重要視しているテーマであり、本シンポジウム以降も、これらの活動には注目し、支援を行っていきたいと思っている。

この「出版産業シンポジウム」はこの２０１５年で10回目の開催を行うことができたのだが、改めて振り返ってみると、開催当初はどちらかというと、出版産業の根幹に当たる「出版社・取次・書店」の関係をいかに時代に合わせて変革していくか、という趣旨のテーマが中心だったと思う。しかし、出版をめぐる環境がここまで激変した現状となっては、「業界三者の関係改善」といった狭い枠の中で議論をしても意味がない。「著者」から「読者」までのあらゆる場面において「本との出会い」の世界がどう変革していくのかを捉えなおす必要が出てきていると痛感する。その意味では、当シンポジウムで取り上げられるテーマも非常に幅広いものになっており、今後もその傾向は続いていくだろうと思う。

なお、NPO本の学校はこのシンポジウム以外にも、出版業界人向けの教育講座や書店開業を志す人のためのテキスト作成、地域書店、図書館等と結びついた生涯にわたる読書推進活動等を行っている。ぜひ、地域からの新たな本との出会いの場をつくるための活動にご賛同いただき、一緒に参加していただければと思う。

２０１６年9月1日

本の学校・出版産業シンポジウム２０１５実行委員会

第1部

本の学校・出版産業シンポジウム

特別講演

書店の現在と可能性
——実践する経営者の視点から

第1部　「本の学校」特別シンポジウム2015

特別講演

書店の現在と可能性——実践する経営者の視点から

経営の厳しさが強調される書店業界だが、これからの書店のあるべき姿を追い求めて模索を続けている経営者も多い。そんななかでも、従来の枠に囚われない大胆な試みに挑戦し続けている若手経営者を招き、現状認識から将来展望、そして業界への提言まで、前向きにこれからの書店像を語ってもらう。

コーディネーター：星野渉（文化通信社／本の学校副理事長）
パネリスト：嶋崎富士雄（文教堂グループホールディングス）
松信健太郎（有隣堂）
佐藤友則（総商さとう／ウィー東城店）

星野——朝早くからありがとうございます。本日の司会を担当する、文化通信社の星野渉です。ＮＰＯ本の学校では副理事長*を務めています。

本の学校は、もともとは鳥取県米子市で今井書店がスタートさせた事業ですが、４年ほど前にＮＰＯ団体になりました。現在は皆さんの寄付などの協力を得て、書店人教育事業や読書推進活動を行ったり、最近では山梨県で行っている図書館と書店の連携事業をサポートし

＊星野渉氏の肩書き
２０１６年５月、星野渉氏は、「本の学校」理事長に就任

たりしています。この「出版産業シンポジウム」も毎年開催しており、今年でもう10回目になります。

今日の特別講演のテーマは、こちらに出ている「書店の現在と可能性」という非常に簡単なものです。まさに今、この出版業界でびっくりするようなことが次々に起こっています。こういう中で、果たして書店はどうなっていくのか。これは非常に興味のあるテーマで、業界内の人間のみならず、一般の本を読む人たちにも非常に関心があるテーマだと思います。

これからお話を伺うお三方は、比較的若いと言っていい年齢の方です。何を基準に選んだかと言うと、一つは、元気がいいということ。そしてもう一つは、今まで私たちが持っている書店のイメージとはずいぶん違うことをされているということです。もはや「何でもアリ」と言われる状況の中で、これから何十年も仕事をしていかなければいけない。そういう人たちが、今、どういうことを感じて、何をしていこうとしているのかをじっくりと伺ってみたいということでお呼びしました。それでは、お三方のビジョンを伺うことにいたします。

有隣堂のビジネス・ビジョン

星野——最初は、有隣堂の松信さんから、最近、特に「新業態」という言葉がよく使われると思いますが、そういう非常に新しいタイプの店をお作りになったりしています。その辺のことを中心にお話しいただきたいと思います。よろしくお願いします。

松信——ありがとうございます。有隣堂の松信健太郎*です。私自身はそんなに元気ではあり

松信健太郎さん

＊松信健太郎氏の略歴
1972年（昭和47年）12月26日生まれ。福岡県北九州市（小倉）生まれ
95年3月早稲田大学教育学部社会科社会科学専修卒業
2007年9月有隣堂入社
09年9月～2012年8月 店売事業部 部長
12年9月～ 店売事業本部本部長

ませんが（笑）、新しい店を作らなければいけないという事情にさらされていて、ここ1、2年の間に既存店のリニューアルや新規店の立ち上げをいくつか行いました。そのことを話してほしいと星野さんから言われたので、お話しさせていただきます。

まず、簡単に自己紹介と有隣堂のことについて話をします。私は、１９７２年12月生まれの42歳です。弊社の社長が朝日新聞社時代に九州に赴任しているときに小倉で生まれ、４歳から横浜市で育っています。横浜市の山手学院中学、早稲田大学高等学院、早稲田大学を出て、有隣堂でアルバイトをして、２００７年に有隣堂に入っています。２０１２年から有隣堂の店売事業本部長ということで、有隣堂の店売事業部門のハンドリングをして現在に至っています。

弊社は店売事業だけではなく、幾つかの事業をやっています。第62期の決算内容としては**資料1**のとおりですが、書籍及び文具の店で売り上げが約２６５億円、売上構成比で約53％です。それ以外に、ＯＡ機器やスクールなどの事業をやっている外商本部が約47％です。書籍事業とその他の事業がおおむね半々という会社です。

現在は、店売事業本部の担当ですが、そんなに特殊な組織ではなく、企画・開発・特命担当という、私の直轄部隊としていろいろな調査、マーケティングをする部隊と、既存店の商品を中心に回していくグループ、店舗を運営していく各店のグループに分けて運営しています。そんなに特殊ではない、オーソドックスな組織だと思っています。本部があって、各店をエリアでグループ分けしていると

資料１　第62期の決算内容

	実績	対昨年比
売上高	504億　500万円	100.4%
営業利益	4億6000万円	81.6%
経常利益	2億9100万円	64.2%
当期利益金	7300万円	31.2%

第62期（平成25/9/1～平成26/8/31）の売上高は前年比0.4％増の504億0500万円。利益面は、営業利益が4億6000万円(前年比18.4％減)、経常利益が2億9100万円(同35.8％減)。店舗の改装・移転などによる棚や什器の固定資産除却損など1億4000万円を特別損失に計上した結果、当期純利益は7300万円(同68.8％減)と大幅な減益を余儀なくされた。
YURINDO　annexを新規オープン、横浜駅西口店、アトレ目黒店の改装を行った。

いう組織で運営をしています。

私が一番大事にしているのは経営方針です。創業当初からあったのか私もきちんと認識していませんが、弊社の従業員はおそらく全員これを暗記していて、日々の仕事で大事にしていると思います。「有隣の精神にもとづき、文化、教育に関する商品の販売を通じて地域社会に貢献する。会社永遠の発展と、従業員の福祉向上のため、経営の効率化に努力する。大専門店の誇りを堅持し、最高水準の仕事を目指して絶えざる研究、努力を行う」と。私も、いろいろ方針を考えたり、組織人事を立てていたりしますが、常にこれに戻って考えるようにしています。

ただ、いろいろな事業をやっているので、店売事業独自のビジョンを立てなければいけないということで、ここ数年では店売事業本部のビジョンを立てて従業員と共有をしています。それは「地域のお客様に対し、時代の要求に応じた商品、サービスを提供し、文化、教育はもとより、趣味、娯楽、情操、生活、ビジネス等に関する情報発信を行うことにより、『知の連鎖』を実現し、お客様の要求を満足させる生活文化支援型事業部門を目指す」です。これから紹介するいくつかの店は、このビジョンを基に作りました。

これから、私が最近やった仕事ということで、自己紹介代わりに4店舗のスライドを紹介します。「最近の出退店」ということでまとめて参りました。特別に強烈な戦略等々を立ててやっているわけではなく、ご縁があればということでやっている状況です。

まずは、弊社の旗艦店にあたる、横浜駅西口店（**写真1**）です。これは、横浜

写真1　横浜駅西口店（2014年8月リニューアル・オープン）

575坪（書籍490坪/文具85坪）

駅地下街で50年間営業していましたが、地下街の改装に伴って、２０１４年に場所を移転することになりました。

単に普通の店を作ったのでは今は厳しいということで、何か新しいチャレンジをしなければいけない。でも、横浜駅西口の私たちの店は、長年のお客様が付いているし、店に慣れているので、そんなに大胆すぎる変化もできないということで、書籍や雑誌に加えて雑貨を併売する特徴的なコーナーを作り、新しい提案をしていこうという、本当にささやかな挑戦を始めてみました。

まず、什器に特徴を持たせました。什器で目を引いて、ここで何らかの新しい提案をして、中にある書籍、雑誌を売っていこうというもくろみです。

また、やはり私たちの旗艦店を維持するのには物量も求められるということで、専門書ゾーンはスラント棚で蔵書量を確保しました。キッズに関しては、独自の一業態にしたいと思い、児童書に知育玩具等々も集めた「Ｄｏ！Ｋｉｄｓ！」というブランドを立てています。コミックも、嶋崎さんの所ほどではありませんが、コミックのみならず、周辺のグッズも集めて売っていこうというかたちで、特定のジャンルを深く売っていこうという挑戦もここでやっています。

次に、２０１４年10月にリニューアルした、アトレ恵比寿店（**写真2**）です。ここも、やはり売り上げの減少という流れに逆らえなくなり、アトレ様といろいろ協議をした結果、一部の面積を返して効率化を図ろうということで、リニューアルをしたという経緯です。

ここの一番のポイントは、スターバックスとのコラボレーションです。スター

写真２　アトレ恵比寿店（2014年10月リニューアル・オープン）

240坪（書籍195坪/文具45坪）

バックスと書店との間をシームレスにして、壁を取って什器も取るということをやりました。スターバックス自体が珍しいわけでもありませんし、スターバックスがあることによってうちの売り上げがものすごく上がるということもないとは思いましたが、やはりアトレ恵比寿に来るあらかたのお客様は、ブック・アンド・カフェを求めているだろうという結論に達し、アトレ様、スターバックス様と相談のうえ、このような環境をつくりました。

書店の本をカフェに持ち込めるブック・アンド・カフェは、今の時代いくらでもあります。逆に、コーヒーを書店に持ってきてもらうというのは珍しいのではということで、店内にブックバーと名付けた、書見台のような什器を作りました。スターバックスで買ったコーヒーを店内に持ってきてもらって、書籍を読んでもらうということを試みました。現時点では定着させるのに苦労しています。

次は、新宿の新規店「ＳＴＯＲＹ ＳＴＯＲＹ」**（写真３）**です。もともと三省堂書店がやっていた場所の後を私たちが借りて、雑貨と書籍とカフェの新業態店を作ってみました。ここの一番のメインは、やはりカフェを導入したことです。リーディングスタイルの今出智之社長にコンサルティングをしていただき、いろいろ教えてもらいながら、自前で運営をしています。

いろいろな本の中に出てくる料理からメニューを作って売っていくということで、単なるカフェではなく、書店との関連性を強く持たせたカフェを目指しています。おかげさまで、売り上げは好調に推移していて、常に満席状態が今も続いている状況です。

写真３　STORY STORY（2015年４月オープン）

200坪（書籍100坪/文具雑貨50坪/カフェ50坪）

ここの店のもう一つの目玉は、やはり楽天とコラボレーションしたことです。この先、どうしてもネットとリアル店舗の関係性を明確にして、何らかの役割分担をしていかなければいけない中で、リアル店舗としては、O2O（Online to Offline）、あるいはそれを進化させた、オムニチャネル化を推進していくべきです。それを一緒にできる企業はどこかと考えた結果、今は楽天ではないかと思い、いろいろ協力してもらっています。

（オムニチャネル化とは、店舗やイベント、ネットやモバイルなどのチャネルを問わず、あらゆる場所で顧客と接点をもとうとする考え方やその戦略のことをいいます。）

具体的には、楽天チェック、楽天ポイントの導入、カフェでの楽天スイーツの提供、楽天で売れている雑貨を店頭で売るということをやっています。まだまだ課題はありますが、O2O、オムニチャネル化に向けての口火は切れたと思っています。ここも、新宿の小田急百貨店の中ということで、キッズコーナーを充実させたり、余ったスペースで授乳室を作ってみたりしたのも新しい試みです。カフェではイベントもやっています。

最後に、最近オープンしたトレアージュ白旗店（**写真4**）です。これは、藤沢駅から小田急線で1駅の藤沢本町駅からさらに10分近く歩きます。2002年にできたショッピングセンターということで、正直、環境としてはそんなに良くない場所ではありますが、出店依頼の話が来ました。そこで私が考えたのは、地域から街の書店が減ってくるのはあまりいいことではない。だったら、街の書店をもう1回復権させてみよう。うちの力で街の書店を再定義してみようということ

写真4　トレアージュ白旗店（2015年6月オープン）

160坪（書籍115坪/文具20坪/フリースペース25坪）

でした。具体的に何をしたかというと、ここを本を売る場だけでなく、地域の皆さんの憩いの場にしようと思いました。それで、ディベロッパーの三井不動産様にご協力いただき、売り場内の約30坪に商品を一切置かず、トレアージュガーデンと名付けたフリースペースにして、本を読んでも結構、ショッピングセンター内のテナントから出前を取っても結構、地域のサークルで使っていただいても結構というかたちにしました。まずはとにかく店に来てもらい、住民の交流の場となるのが地域の書店の本質だという仮説に立って作った店です。

この4店舗が、最近やってきた仕事です。西口はどこの書店もやっているような雑貨、書籍の併売、恵比寿はブック・アンド・カフェ、新宿は新業態あるいは楽天とのコラボ、トレアージュは地域交流のためのフリースペース。小さなことですが、新しいことを一つ一つ採り入れていくということを、今は出店で実行しています。

星野――ありがとうございます。なかなか意欲的な店ばかりだと思いますが、地域とか、デジタルとか、複合業態とか、カフェとか、個々の点についてはまたあとで伺っていきたいと思います。次に、嶋崎さんからご紹介をお願いいたします。

文教堂のビジネス・ビジョン

嶋崎――文教堂の嶋崎富士雄*です。昨今、出版業界をめぐって非常に嫌なニュースばかりで、某取次がどうとか、書店も版元も、今後も嫌な話がもっと増えてしまうのではないかと思っている中で、当社はその「嫌なこと」が6年前に一気に来ました。

嶋崎富士雄さん

＊嶋崎富士雄氏の略歴
1992年8月 文教堂入社
93年11月 取締役社長室長
96年1月 取締役経営企画室長
96年12月 取締役副社長経営企画室長
2002年6月取締役副社長経営企画室長兼営業本部長
05年11月 代表取締役社長
08年3月 株式会社文教堂代表取締役社長（現任）

リーマンショック以降、もう少し言うと、それより少し前にサブプライム問題が発覚してから急激に売り上げが落ち、モータリゼーションということもあって、郊外型の店が、特に首都圏を中心に一気に売り上げが下がる。でも、初期投資はしてしまっているし、償却資産はいっぱいある。要するに、借金があって投資回収もままならないし、資本回転率もめちゃくちゃ悪いという形で、いや応なく改善というか、新しいかたちへのチャレンジを強制的にやるはめになりました。その中でいくつか新しい動きが出ているので、そのあたりに絞って話をします。

二つ話をしたいと思います。まずは新業態の店舗として二種類、一つは「カルチャーエージェント」、もう一つは現在一気に店舗展開している「アニメガ」です。

さらに、その他の施策として二つ、「お宝発掘」と「空飛ぶ本棚」という、ちょっときなくさい話です。そもそも私をこういう場所に呼ぶと、危ない発言が出てしまうので大丈夫かと。あまり危なかったら止めてください（笑）。

まず、カルチャーエージェント**（写真5）**からです。これは、簡単に言うと、いわゆる昔からある極小店舗です。その代わり、立地は徹底して絞ります。駅前ではありません。駅ナカです。私の社内での言い方でいうと「改札から20歩以内で行ける立地」を探して、トイレであろうが物置であろうが、そこを使わせてもらいます。

面積は、10坪から、一番大きくても20坪弱です。その10坪の店の中で、置いてあるものは徹底して工夫しました。お金も時間もないので、いかに効率化できる

写真５　文教堂カルチャーエージェント

か。ですから、天井は張らず、照明も付けません。壁も造りません。何もしないで、新しく開発した専用什器に直接LEDをくっつけて、商品がどれだけ入るかというチャレンジをしてみました。

結果、10坪の店に絞って言うと、雑誌は、1500～1800タイトルがほぼ全品入ります。書籍はもちろん全品入らないので売れ筋と新刊とリコメンド、文庫であれば、新刊とフェアというものに絞って大量に一気に売る形態です。そこに音楽系のCDと、ブルーレイやDVDなど映像系のものを突っ込んで、文具も入れて、場合によってはゲームも入れますと、何屋か分からなくなったので、とりあえず「カルチャーエージェント」という名前を付けました。

ここのテーマも、とにかく資本回転率です。いま書店における坪売り上げは、大体月10万円から20万円いけば優秀なほうです。そこをカルチャーエージェントでは50万円取ります。要するに、通常店舗の2倍以上です。また、商品回転率は年間17回転ぐらいです。目標の18回転に達していませんが、書店の在庫回転率は年間2回転ぐらいが普通と言われているので、6倍、7倍という店を目指してやっています。

小さい店なので、在庫金額は商品を棚一杯に詰めてもそんなに入りません。ではなぜこんなことをやるかというと、やはり問われるのは、どれだけ利益を生んでいくか、だからです。本を売ることでの粗利は20％半ばくらいありますが、書店の経常利益率は良くて1％。こんな産業は他にありません。私たちの上場しているジャスダックの中でも最低レベルです。過大な投下資本に対し、経常利益率が1％、2％の産業は、大変厳しい状況ではありますが、そこを少しでもプラスに持っていきたいと考えたためです。

次はアニメガ（**資料2**）です。出版物には、ビジネスとか、文芸とか、学参とか、いろいろなジャンルがありますが、ここ15年残念ながら全部落ちています。特に、雑誌がひどい状況で、ここ1年で急激に加速して悪くなっています。

しかしその中でも、アニメ分野は、実は、まだまだ伸びています。コミックというジャンルも落ちているように見えますが、それは週刊誌系のコミック雑誌が落ちている部分が大きく、アニメ市場全体の規模としては、例えばフィギュアとか、食玩とか、グッズ、CD、映像ソフト、場合によっては映画産業まで含めると、ものすごい勢いで成長しています。やはり投下資本をどこに落とすかというと、ここの分野しかないだろうという単純な発想です。

もうひとつ、現状を表す一例として、ある地方の大きなターミナルビルに、二つの書店が出店していたとします。一つは大型書店で、ものすごくしっかりと運営をしている素晴らしい書店ですが、600坪の店で売り上げが2000万円でした。そんなに多くはありません。ですが、そこの同じビルの中に、某アニメコミック専門店が出ていました。ここは売り場面積が大型書店の6分の1なのに、2・5倍以上の売り上げがあったと。そこはグッズばかり売っているのかというと、実は、コミックがすごい勢いで売れていたので、そう考えると、高効率・高収益・高回転、まさに経営の手本となるような素晴らしい動きがあると。これは、当社だけではなくて、書店全体が取り組むべき問題だろうと思い、とにかくスタートしました。約2年間で出店を続け、吉祥寺パルコと池袋（サンシャインシティ）アルタを含めて23店舗になりました。

資料2　アニメガの店舗と限定グッズ

当社のアニメガでは、本以外にはグッズ販売をやっています。このグッズは、やはりオリジナリティーを持たせるために独自開発をする必要があります。これによって、内容が良ければ、書店ではあり得ないような、例えば、開店前に1000人のお客様が並ぶといったことが起こります。

カフェも一緒にやっていますが、現在パニックになりつつある、あるコンテンツがあります。『刀剣乱舞』。これは出版ではなくゲームからの派生商品ですが、上野の東京国立博物館で、夏休みに向けて刀剣展をやっていて、若い女性が大挙して押し寄せている話がニュースになっていたと思います。このイベントを夏休みにやりますが、ツイッター上で、「やるよ」と流しただけで、わずか45分間に9000リツイートされました。要するに、好きな人から好きな人に、一気に9000人以上に、広告費0円で情報が広がります。ですから、従来の待っているかたち、ウェイティングスタイルの書店とは全く違うやり方であるという状況です。

次にもう一つの施策について。主に文庫を対象としていますが、買い切り・売り切り・ロット発注という、「お宝発掘！プロジェクト」を開始しています。これも少しきなくさいので、星野さんのツッコミどころではないかと思います。

実は、これはもうかなり前からテストしています。私たちは返品というものに甘えている産業で、果たしてこれを乗り越えることができるか、わが身をもってテストしようと始めた施策です。結果としては、絶版からの生き返り本も含めて200作品以上を選び、合計の販売冊数は43万1500冊を超えています。

3年前にこのプロジェクトで売り上げを伸ばしたのは、40年前の作品の『模倣の殺意』（中町信著）という東京創元社の古い本です。当社ではこれが年間文庫売り上げベスト5に入りました。３カ月間で見ても、百田尚樹さん、池井戸潤さん、東野圭吾さんに次ぐ実績です。40年前の作品が生き返って、重版を繰り返し、あとで聞いた話では50万部を超えるベストセラーになったという実績です。

最後に、空飛ぶ本棚（**資料3**）です。これも特に出版社に大変お世話になっています。これは、雑誌を買った人にこういう16桁のナンバーが入ったクーポン券をお渡しします。それを、ｉＰｈｏｎｅでもタブレットでもいいですが、専用アプリに入力すると、そのまま無料で電子雑誌が読める、というものです。

この施策を行う基本的スタンスは、雑誌の売り上げを伸ばさないと出版界はとんでもないことになってしまう、という危機感です。現在は雑誌流通の上に書籍を乗せて運んでいる部分があるので、雑誌が今の売り上げをキープしないと、瞬く間に損益分岐を割ってしまい、出版流通全体が成り立たなくなってしまいます。雑誌そのものがなくなってしまうと、市場規模が半分になってしまう。さらに当社としても、雑誌は今でも20％近くの売上比率があるので、ちゃんとやらなければいけません。

空飛ぶ本棚を行うことで、二つの効果があります。一つは、とにかく売り上げが伸びます。そしてもう一つは、電子雑誌ならではの企画を盛り込むことで、いろいろな新しい需要というか、顧客ニーズの開発もでき始めています。

例えばこちらですが、雑誌に載っているタレントのグラビア写真はせいぜい10～20枚程度です。でも、カメラマンはたぶん何百枚も撮っています。だから、誌

資料３　空飛ぶ本箱

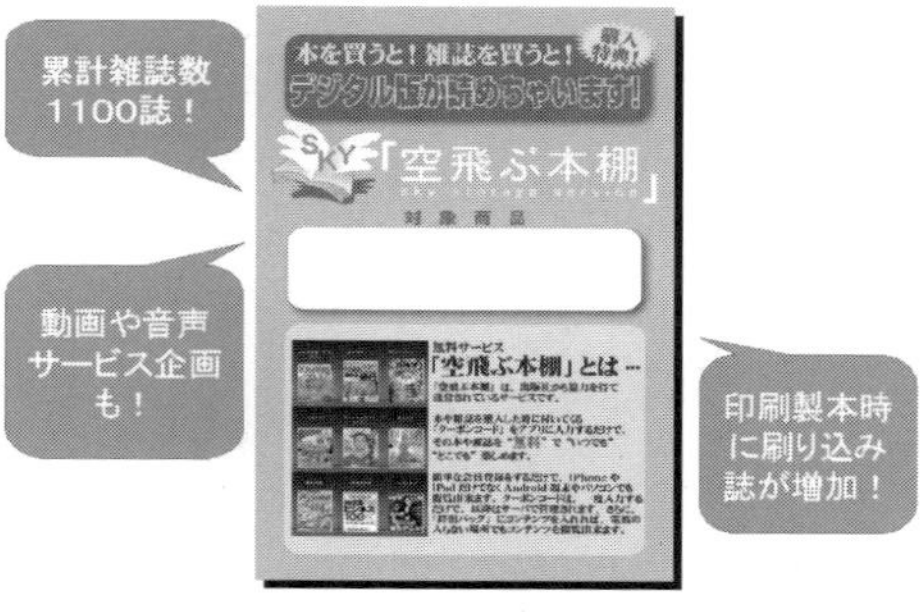

累計雑誌数
1100誌！
動画や音声
サービス企画
も！
印刷製本時
に刷り込み
誌が増加！
本を買うと！雑誌を買うと！
「空飛ぶ本棚」

面に載らなかった別のカットを、版元とタレント事務所に許諾を取り、デジタル版にくっつけてしまいます。その雑誌を買った人にこのクーポン券を与えて、コードを入力すると別のカットが見られます。これは、私たちからすれば単なる別のカットですが、例えば有村架純が好きな人には、市場に出回っていない超お宝カットです。

さらに、新しい動きが出てきたのは、英会話本です。こういう本の多くは巻末にCDが付属していて、発音が聞けます。ただ、CDを作るのにもコストがかかりますし、お客様のほうも、買って、家に帰って、CDを出して、PC経由で例えばiPhoneやiPodに落として、というのは面倒くさくて仕方がありません。さらに、本を見ながら「センテンスいくつめの発音」を一生懸命探さないといけない。

だったら、最初から電子雑誌のほうを読みながら、その場所をぽんと押して発音が聞こえたら便利だと思いませんか。そうすると、スマートフォン一つで、通勤途中の電車の中であっても、英会話の本を読みながら発音が聞けて、探す手間がなくなります。これを作る手間やコストはと言うと、版元は、もともとCDを持っているので、音声はデジタルデータで持っています。加工の手間はうちがかけています。こういう工夫をひとつするだけで、デジタルの利用の仕方次第では、3倍以上売れるようになるわけです。

同じような考え方で、PHP研究所の絵本では、声優が読み聞かせ用の音声データを作っていたので、電子版を子どもが触ると声優が読み聞かせをしてくれる仕組みを提供しました。

これらの施策は文教堂だけで行っているものではありません。雑誌全体が売れて発行部数が増えないと、広告ビジネスとしての価値も落ちるし、収益性も薄くなるということですので、このサービス自体も無料にしていますし、他の書店が「空飛ぶ本棚」に参加してもかまわないことにしています。どの雑誌で、どの書店が参加するかの判断はすべて版元に任せています。今現在は、累計で1200種ぐらいの雑誌が対象になっていて、参加書店は最大1700店舗となっています。

最後に一点だけ追加でご紹介します。今、書籍はもちろんですが、雑誌の市場規模がどんどん落ちてきています。何でもいいから、どんな手でもいいから打ちましょうと、ハリウッドの映像作品、ワーナー・ブラザーズのオーシャンズシリーズ、『オーシャンズ11』から『オーシャンズ13』までの3作品が入って、ブルーレイ3枚組で2480円の商品を当社で作りました。裏には、書籍としてISBNコードが付いています。映画1本当たり800円ぐらいと、ブルーレイの映画としては世界最安値です。

なぜこんなことをいきなり始めたかというと、私たちもパートワークその他で、こういうかたちの商品をさんざん売ってきていますが、書店では値段を下げないとやはり売れない。実は、この作品の通常盤を当社でも売っていましたが、ブルーレイディスクはやはり高価で、新作だと4000円を超えるものが結構多く、販売数が伸びませんでした。

私どもは、本屋は安く大量に売るのが得意だからと、1作品当たり800円を切るかたちで企画をしました。要するに、「値段を半分にして出版業界に任せていただければ、売り上げは5倍、10倍になりますよ」ということです。

以前、デアゴスティーニ・ジャパンが、前身の同朋舎時代に、チャイコフスキーのクラシックCDを出したとき、当社では1カ月で3万8000部売れました。全国では50万部とか、70万部と言われていました。そういうバイイングパワーがこの業界にある、ということで、とにかく、値段を半分にすれば、売り上げが5倍、10倍になるという証明を誰かがしなければいけなかったので、自分たちで作ってしまいました。

５０００部を作って全部買い切りです。とにかく売り切れました。それが成功したので、次は、日販、トーハンにお願いして全国書店流通にしてくれと相談をしたら快諾してくれ、この『ゼロ・グラビティ』をやることになりました。去年『アナと雪の女王』の陰に隠れてしまいましたが、アカデミー賞の7部門最多受賞作品です。これが全国書店店頭に並びました。

実はこの成功を受けて、日販、トーハンの協力を得て、さらにここにおられる松信さんからいろいろな知恵をもらって実現したのが、この『ゼロ・グラビティ』と、トム・クルーズの『オール・ユー・ニード・イズ・キル』です。これの原作は日本の作品です。こういう映像業界を取り込んで、とにかく市場規模を拡大していこうというチャレンジもしています。長くなってすみません。

星野――ありがとうございます。非常に壮大なというか、多岐にわたる話でした。また、先ほども出てきたいろいろな話をあらためて伺いたいと思います。では、最後に佐藤さん、お願いします。

総商さとうのビジネスビジョン

佐藤――こんにちは。総商さとう、ウィー東城店で店長を兼任している佐藤友則*です。よろしくお願いします。本当に簡単な自己紹介だと、昭和51年生まれで、この中で一番若いと思

佐藤友則さん

＊佐藤友則氏の略歴
１９７６年生まれ。２０００年に名古屋のいまじんで修行。01年夏にウィー東城店に店長として戻る。よろず屋的な相談を受けながら、本を核とした小売業の形を日々模索中。㈱総商さとうの４代目代表取締役社長を務める。

います。元気だから呼ばれたということで、確かに元気だからかなと。また、明るいとよく言われるのは、私のどこが明るいかは別にして（笑）、そういうところで呼ばれたのかと思っています。

本当に小さい店で、この場に不釣り合いかと思いながら、今も話をしています。最初は名古屋のいまじんで修行をしました。今は、２カ月に1回、関西の「本真会」という勉強会にも参加しています。東城の店に帰って17年たちました。その中の今のかたちを少し写真で説明します。

ここはロードサイド店**（写真６）**ですが、東城町の人口が現在８０００人になりました。17年前に帰ったときが1万２０００人と言われていたので、あっという間に3分の2になりました。これからは、５０００人の町でも生き残っていけるモデルを構築しないといけないと思っています。

これは入り口を入った所で、今は『別冊太陽』の全点各一冊フェア**（写真７）**をやっています。入り口を入って左側にはたばこがあって、その奥にＣＤがあります。たばこを外に出しているのは当店ぐらいだと思います。

正面に入って、時計の針で言うと9時ぐらいの方向に文具があります。順に雑誌の新刊台、文庫の新刊台、奥がコミックの新刊台になっています。正面奥に、いわゆる本屋の顔というべき新刊の平台があります。やはり、小さい店でベストセラーが入ってこないので、できるだけロングセラーを置いたりしています。

売り場の坪数は、大体１００坪です。時計で言うと、1時から3時ぐらいの方向に、女性コミックがあって、女性ファッション誌**（写真８）**とか、奥に児童書、

写真６　ウィー東城店（外概）

写真７　『別冊太陽』フェア

学参、実用書コーナーがあります。上に、これはトーハン経由で仕入れているぬいぐるみです。7体ぐらい売れたので、良かったかなと。

女性誌のコーナーの奥に化粧品コーナー（写真9）があります。これは、90%がアルビオンというブランドで、10%がカネボウ化粧品です。昔はカネボウが主流で他にもいろいろ入れてましたが、一気にアルビオンというブランドに舵を切りました。このブランドの説明をすると長くなってしまうので、非常にいい話を一つだけします。ここにあるエクラフチュールという主力商品です。化粧品は粗利が一般的には4割ですが、この商品は売れ筋商品で1本1万円しますが、粗利が5割あるんです。なぜ10%粗利がいいかというと、メーカーが言うには「メーカーにとってのお客様は小売店です。お客様が生き残らない限り、私たちの生き延びるすべはありません。だから、本当の売れ筋でお客様に利益を取ってほしい。そうしないと、私たちは生き残れないと思っています」と。

大体、こういう商品は、予約で100本くらいは売れます。これは余談ですが、予約が100本入ったら、当然、きっちり100本入れてくれます。しかも粗利が5割。いかに書店業界と違うかがわかると思います。でも、多くの業界はこれが普通です。構造上の問題は別ですが、そうしてくれている会社があるということはありがたいと思うし、メーカーの本気さを感じます。

次の写真は、入り口から3時の方向にあるカフェコーナーです（写真10）。見ての通り、失敗しています（笑）。当然、カフェとしては成立していません。ただ、ゼロよりはちょっとやってみようと思いました。失敗ではなく、次への実験です。

写真8　女性雑誌コーナー

写真9　化粧品コーナー

ここはいま、おじいちゃんと私の相談所みたいな「パソコンが壊れたんじゃ」とか「鉄道模型の潤滑油が要るから、それを取り寄せてくれ」とか、そんな要望を聞く場所にもなっています。

ここでデジタルカメラの写真データの印刷もやっています。田舎の写真屋だと、1枚30円とか40円して高いと言われたので、うちは19円で、市街地の価格にできるだけ近付けました。データを送ってもらい、仕上がり時間には1日もらっていますが、安くてきれいに仕上げます。

コピー機がここにあります。皆さんはほとんど自分自身でコピー機を操作されると思いますが、うちはセルフサービスではありません。ほとんどのお客様からは「これをやってくれ」と頼まれます。セルフでできる人はしますが、なぜそれをセルフにしないかというと、私はこれをコミュニケーションツールだと思っているからです。そこでいろいろな話が聞けて、いろいろな情報をもらえます。費用対効果で考えると合いませんが、付加価値としては非常に高いと思っています。

レジの中にあるコーヒーの機械です**（写真11）**。これは結構本格的で、ラテなどいろいろできます。自前でやると利益率が決定的に違うので、小さいながらも自前でやろうと思いました。これも、次のステップへ踏み出せると思っています。

奥には富士ゼロックスの複合機です。買った当時は定価５００万円と言われました。安く買いましたが、印刷業務として、年賀状や名刺、挨拶状などいろいろなものを作っています。家系図を作ってくれというのが一番困りましたが、それも、「じゃあ、やりましょうか」と、これでやりました。

写真10　カフェコーナーとデジカメプリントコーナーとコピー機

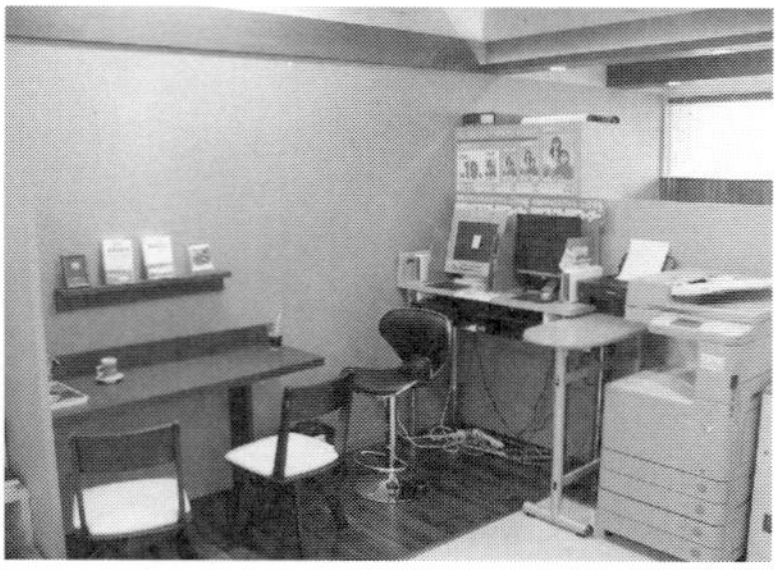

写真11　レジ奥スペースのコーヒーマシンとゼロックスの複合機

これはレジの外側です（**写真12**）。今はちょっと雑然としていますが、ここにコーヒー受け渡し口カウンターを作りました。現在ほぼ私の手品コーナーになっています。土・日に子どもたちが入ってくると、「おじちゃん、手品をして」と、本当に手品の店だと思って入ってくれています。今一番かわいいのが、コウヤくんという子どもが「おじちゃん、マジックちて」と、いつも入ってきます。「いいよ、するよ」と言ってやっています。

いろいろな例をお見せしましたが、全て理由があります。何で手品をするかも、子どもを泣かせて帰らせないためとか、いろいろな理由があってやっています。が、全部説明し出すと本当にきりがなくなってしまうので、やめておきます。

ここが美容室です（**写真13**）。お店の一部を改装して作りました。８０００人の町の中ではおしゃれな空間とよく言われます。

話が前後しますが、ここを造っていたとき「ここに喫茶店ができるんか」とお客様に言われまして、「いいえ、美容室ですよ」と答えていたんですが、同じことを10人ぐらいに言われたので、喫茶店もやってみたら面白いのかなと思ってお客様に聞いてみたんです。そうしたら「やってくれ、やってくれ」と言われたので、「じゃあ、頑張ります！」みたいな感じで、さっきのコーヒーを出すサービスを始めたんです。いつもそんな感じでやってます。

妻が美容師だったということで、美容室ができました。ただ、妻ははさみを置いて結婚したので、結婚した当初は、やるつもりは本当に1％もありませんでした。なお、これは（自分の頭を触りながら）おとといの妻の作品です（笑）。「人

写真13　美容室

写真12　入口左側にあるレジ外観

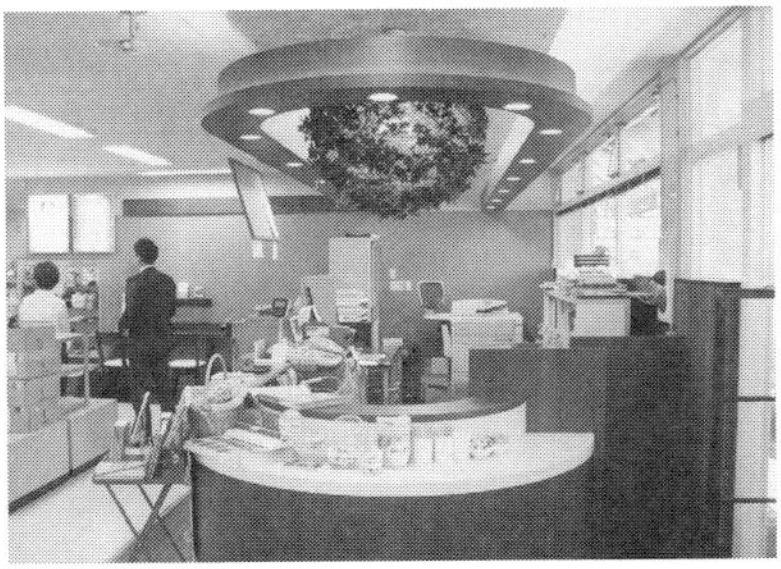

前に出るんだし、せっかくだから切ったらいいんじゃない?」ということで。ただいつも、散髪し終わった後に床を見ると、髭剃りのCMのように毛がちょろっとしか残っていないので、切ないというか、腕の見せどころがなくて申し訳ないというか、そんな感じでやってもらっています（笑）。

簡単ですが、こんな店です。よろしくお願いします。

書店の現在と可能性をめぐって

星野――中身の濃い話をいろいろといただき、ありがとうございました。これからは皆さんとディスカッションに入っていきたいと思いますが、最初に皆さんが現状をどう認識しているか、簡単にうかがいたいと思います。まず松信さんは、書店に入ってから7、8年になると思いますが、今の状況をどういうふうに見ていますか。

松信――幸か不幸か、私は良い時代を知りません。下り続けている状況の中で、何かやっていかなければいけないというのが当たり前なので、新しいことをやるのに個人的にはそんなに抵抗はありません。

先ほど、嶋崎さんは雑誌が売れなくなると産業構造が崩れると言われましたが、本当にそのとおりだと思います。ただ、人口も減っていくから、情報収集源としての書籍、雑誌の地位が低下していくのはやむを得ません。また、スマートフォンやタブレットの普及によって、趣味・娯楽の時間が分散していくのもやむを得ません。なので、書籍、雑誌も、ある種の今

＊星野 渉氏の略歴

１９６４年生まれ、國學院大學文学部日本文学科卒。現在、文化通信社／常務取締役編集長、東洋大学非常勤講師、日本出版学会副会長。

２０１６年5月、ＮＰＯ法人本の学校 理事長に就任。

星野渉さん

まで担っていた役割の地位が低下するのはどうしようもないと思っています。

なので、現状に対抗する施策はひとつひとつ取り組んでいかなければいけませんが、大きな流れの中では、今までの産業構造、プラットフォームが崩れていくことを前提に、いろいろ考えていかなければいけないと思っています。

その一つが、書籍と雑誌を両方扱う日本特有の流通と、定期雑誌とパターン配本*という、今まで当たり前のように享受していた仕組みが、遅かれ早かれ壊れていくことを前提に……いや、もう壊れているのかもしれませんが、いずれにせよそのうえで、いろいろな事業計画等々を立てないと厳しいだろうという認識でいます。

星野――嶋崎さんは先ほど、経営的に非常に厳しい時期があったとおっしゃいましたが、逆に、それがあったからいろいろな動きをしてきたということですよね。

嶋崎――ええ、というよりも、やらざるを得なくなったというほうが正しいです。しかも、お金がない中でやる手段は限られています。お金も時間もない中で利益を生めと株主から言われますと、経営者としてはやらざるを得ません。

星野――雑誌は最近になって急激にマーケットが縮小していると嶋崎さんは言われていましたが、そういう中で、そこを支えていきつつ何かしていこうというのが、空飛ぶ本棚みたいな試みですか。

＊パターン配本
販売会社が書店の地域や規模、販売実績等にもとづいて、商品である出版物を送る部数を決定する仕組みのこと。「データ配本」「ランク配本」とも呼ばれる。反対に、書店からの希望数をもとに送品数を決めることを「指定配本」と呼ぶ。

嶋崎――こんなことを言っていいのか分かりませんが、空飛ぶ本棚自体は対症療法にすぎないと思っています。これですべてが解決するわけではなくて、ただ、これによって急激に悪化して一気に死んでしまうのではなく、若干何か、別のチャレンジをする時間は作れるのではないかなと。ですから、クリエーティブなプロデュース機能を持つ出版社には非常に期待しています。私たちは、やはり小売りサイドからの知恵しかありません。

先ほど紹介できませんでしたが、直近の面白い例としては、例えば、三栄書房から、車の新型ロードスターのムックが出ていますが、実はこのムックを買った人に、先ほどの空飛ぶ本棚で動画が見られるコードを渡しています。この動画は、ネット上でどこを探しても見られません。なので、ロードスターを欲しいと思うお客様は、もちろんムックも買ってもらえますが、映像も当然見たがる。結果ですが、空飛ぶ本棚からの動画のダウンロードが、発売直後に4000ダウンロードを超えました。全国でどれくらい売れているか分かりませんが、相当のお客様が、ムックを買って、走っているドライビングの映像が見たいと購入したことは確かだと思います。

星野――「産業の突然死」を避けるというような感じなんですね。佐藤さんは、さきほど東城町に帰られたとき、1万2000人だった人口が、今8000人になり、今後は5000人を想定しなければいけないという、ある程度限られたマーケットの中で仕事をされていきます。書籍、特に雑誌の売れ行きは、多分、同じように厳しくなってきていると思いますが、そういう中でどうポジティブに考えていけるのかと思います。

佐藤――はい。雑誌が非常に切実なのは、中小規模の書店にも共通だと思いますが、当店ではどんな現象が起きているかというと、例えば、『ｗｉｔｈ』が先月5冊入って実売は4冊あるのに、今月突然2冊に入荷が減らされたりとか、1冊も入ってこなくなったりといったことが起きます。テレビ雑誌はもともと売れませんが、最低限ぎりぎりしか入らないからお店に並ぶものが出ない。定期改正*を普通にしても入ってこないので、取次の本社にかけあって、何とか2冊増える。でも3カ月もたたないうちにまた元に戻る……ということの繰り返しです。本当に結構切実です。

来店客数と来店頻度が上がらないと、店は維持できません。「入れてくれ」と言っても入らないし、売れているものを減らされると生きていけません。だったらほかのものをやるしかないという話になってしまいます。私は本屋をやりたいし、本屋で生き残っていきたいと思っています。そのためにどうしたらいいかというと、これはあくまでもまだ現実的ではありませんが、自前でパンを焼いて売ることを考えています。というのも、「衣・食・住」に近付くのが、私の中の今のキーワードなんです。薬屋がドラッグストアになって、ドラッグストアが日用品を売って、ビールも売って、お弁当もやるような時代になっています。そういう変化の中、本屋も、やはり衣食住に近付き、そこで本を中心にして、合わせ技一本というところでいきたいと思っています。

星野――いま佐藤さんが「衣・食・住」という言い方をしましたが、最近の店では、カフェの併設などで複合化を志しています。その辺について、松信さんはどういう業態のイメージをしていますか。

＊定期改正

雑誌などの定期刊行物の配本部数は、原則的に取次会社で決定されている。そのため書店では、売れ筋の雑誌などについて、その配本部数の変更を申し入れることができる。これを定期改正という。ただし、取次の仕入れ部数との兼ね合いで、必ずしも要求部数の配本がされるわけではない。

松信――粗利率の高い文具・雑貨を入れていくとか、カフェを入れていくというのはもちろんありますが、私たちは、基本的には、ディベロッパーに床を借りて、そこの場で商売をしていく以外にないので、基本的にそこの店のエリアをどう捉えるかによります。例えば、先ほど紹介した白旗の店と新宿の店では、商圏の広さも集まるお客様もまったく違うので、そこに住んでいる、あるいは来てくれるお客様が、何を求めているのかをきちんとマーケティングして、私どもでできるのであれば、その業態を提供する、というのが基本的なスタンスです。

ですので、「われわれはこういう業態をやりたいので、この場所でこれをやらせてください」というのは、自分の中ではあまりありません。それぞれの地域に合わせた業態・業種をやっていきたいと思っています。

星野――ただ、松信さんは先ほど経営理念を示されていましたが、そこでは求められれば何でもやるということをおっしゃってはいません。

松信――もちろんそうです。本とは紙に活字が印刷され物流を通じて提供するものだったと思いますが、今後は本という存在をもう少し広げて考えなければいけないと思っています。本は学びのためのツールだったり、情報を得るための手段だったり、エンタメであったりするわけです。そういった本が果たしてきた役割を、違うかたちで実現する、そのために私たちは何ができるか、ということは考えていかなければいけないと思います。

星野――佐藤さんは、お店の看板でも本というのをあくまでも表に出しておられますが、全体の売り上げ構成としてはどうなんですか。

佐藤――どこをどう比べるかによっても変わってきますが、基本的には本の売り上げが全体の3分の1です。売り場面積は半分ですが、売り上げは3分の1なので、本来、もう少し減らしてもいいと思いますが、今のところは、半分は本屋でいたいと思っています。

星野――ということは、本屋という存在、または本という商材が持っている可能性を見ていらっしゃるということですね。

佐藤――そうですね。先ほどなぜパンの話をしたかと言うと、例えば宝島社などからパン型が付録になったパンを作る本などがいろいろ出ていますが、とにかく本は何でもくっつきやすいんです。ほかの小売りの立場から見ると、本屋がうらやましいと思われているのはそこだと思っています。本屋だからディベロッパーから、松信さんが言われたような話が来るとか、他業種から見ると、いろいろな可能性があるのではないかと、皆さん、結構思っていると思います。そういう観点からいくと、本屋はいろいろなチャレンジをしたらいいと思うんです。例えばうちみたいに本屋に美容室をくっつけても、お客様は誰も変だと言われないのです。

星野――さきほどの嶋崎さんの最後の話にあった映像ソフトの話はまさにそうだと思います

が、書店というチャネルを使うことで、ああいった商材をほかの所から取ってきたり、動かしていくことができたりするということですね。

嶋崎——言ってみれば、多品種、低価格のものを大量にさばける。そのためには、取次、販売会社を中心にした流通機能が前提としてあるという優れた部分があるので、これを排除する必要はないと思います。その中で、書店はやれることは何でもやらなければいけません。3、4年ぐらい前に全国的にトレンドだったのが文具コーナーだったと思います。昨今のトレンドはカフェです。

そういう流れがあって、いろいろな努力をされている所は、駄菓子屋やコンビニ、コインランドリー、レンタカーなどをやったりと、いろいろな書店チェーンがあります。とにかくやらなければならない仕事が山積しています。

何とかしなければという中で、目の前にあって、売り上げが倍になるかもしれないのが映像ソフトではないかと。実は、先ほどの『ゼロ・グラビティ』は、DVD流通から2カ月遅れで販売しました。有隣堂が一番売って非常に強い販売力を示しましたが、2カ月遅れても、通常流通と同数売れたそうです。要するに、市場規模が倍になりました。書店というか、出版流通の強さも証明できました。目の前にぶら下がっているのは、2500億円の市場です。だったら丸ごと飲み込みましょうと思ったわけです。

ただ、そうはいってもこの流通は難しくて、書店は無責任にやたら返品をするとか、メーカーは全然返品を受けてくれないとか、いろいろな問題が出てきます。そこの調整を、松信さんもそうですが、若手を中心にいろいろな意見を伺って、ワーナー・ブラザーズだけでは

＊シャワー効果
百貨店などで、上層階に人気の高い施設を充実させ、店舗全体の売り上げ増加につなげる販売戦略。上から下へのお客様の流れをつくり、ついで買いをねらう商法。

なく、いろいろな映画会社と話をしたりしていただいてます。

ただ、現在どうしても足りないのは、出版社のプロデュース機能です。ですから、どちらかの出版社にプロデューサーとして入ってもらって、流通を仕切ってもらう。一定の返品もOKという方向に持っていきたい。私たち書店ができるのはここまでだと思っています。

星野――松信さんからディベロッパーの話が出ましたが、彼らが書店にいま求めるものは何でしょうか。昔はよくシャワー効果*と言って、書店には人がたくさん来るから必ず一番上の階に入れるという時代があったと思いますが、今はそうでもありません。

松信――昔をよく知っているわけではないので分かりませんが、ディベロッパーが文化的なものとして書店を求めるという基本は変わっていないと思います。ただ、集客を求めるのか、一テナントとしての売り上げ、賃料収入を求めるのかというのは、ディベロッパーも揺れていて、それぞれ考え方も違うと思います。

また、渋谷のヒカリエに書店が入らなかったのは、結構、衝撃的でした。ディベロッパーによっては、書店はいらないと考えている所もあると思います。あるいは、誠品書店*や蔦屋書店*のような新しい所をディベロッパーは割と好きというか、すぐ同じものを作ってくれと言われます。割と簡単に言ってくるのかと思いきや、やはりその建物のこと、エリアのことを一番研究してマーケティングしているのはディベロッパーなので、ディベロッパーの言うことは、基本的には正しいと思います。特に大手の電鉄系はきっちりしているのではないでしょうか。

＊誠品書店（チェンピンシューディエン）
台湾最大の書店。本を販売するだけではなく、ハイクオリティなカフェ、ショッピングモール、カルチャーセンターを併設し、商業施設とアートの融合を成した。

＊蔦屋書店
ここではカルチュア・コンビニエンス・クラブ(CCC)が提唱する新たなライフスタイル提案のコンセプトに基づきつくられた書店のことを指す。2011年の東京・代官山を皮切りに、函館、湘南、梅田、浦和などに新規出店し、2016年5月には大阪・枚方に蔦屋書店を核とした複合施設「枚方T―SITE」をオープンした。

星野——何かそのときに、書店である強みみたいなものはどの辺にありますか。

松信——そこは、依然として集客力だと思います。

星野——佐藤さんの所は、これだけいろいろな商材を扱ったり、サービスをしていますが、これらの商品の選定や仕入れについては、担当者を分けたりしているのですか。多分、トーハンに全部頼めばいいというものではないだろうと思いますが。

佐藤——自社では本店で新聞もやっていますし、家業のレベルではありますが、一応、それぞれ担当が居て、発注点検などは、パートでも社員でも同じように働いてもらっています。困った判断があったら私に言ってくれということで、ある種放り投げていると言ったら大げさですが、ありがたいことに、人が育つ土壌はうちの会社にあると思います。

星野——創業時代から結構いろいろなものを扱っておられたということですね。

佐藤——そうですね。127年前から地域のよろず屋でやってきて、その当時から、本も文具も化粧品もたばこもあった。経営が苦しくなり、私が帰ってきたときに意識したのは、高付加価値と高利益率です。エステ、美容室、カフェ、印刷など、すべて基本的には70％以上粗利が取れると想定するものから足していくと。さらに、本との相性がいいものを私の代で付け加えたことです。

星野――松信さんや嶋崎さんの店でも、すごくいろいろな商材を扱います。ああいうものを扱える人材は、社内ですぐに見つかるのか、他から連れてくるのか、その辺はどういうふうにされていますか。特に、松信さんの所は、カフェを自前でやるということを始めています。

松信――カフェに関しては、未経験者でできそうだと思う社員を担当に命じました。限られた時間の中でノウハウを身に付けるのは相当大変だったようですが、私もできる限りのサポートをし、結果としてカフェができる人材を2名育てました。

嶋崎――私たちの場合、特にアニメガについては、コミック好きの社員はたくさんいます。ですが、いわゆる書店サイドから見たそういう人材は、責任者とか企画運営には、あえて携わらせないようにして、あえて元CDだとか、そちらの分野をやっていた人間を付けています。

星野――それと、先ほど空飛ぶ本棚の話が少しありましたが、デジタル関係、ネットワークやネット書店を意識しないでビジネスをやっていくのはなかなか厳しいと思います。まだマーケットはそれほど大きくありませんが、電子書籍も出てきていて、空飛ぶ本棚は、電子雑誌をデジタルバンドルという形で付けています。そして、松信さんの所では、ＢｏｏＣａという電子書籍カードを店頭で売るという実験を２０１４年にされていました。あの辺の取り組みから考えたことはありますか。

松信――電子に関して言うと、なかなかリアル書店がデジタルそのもので大きな売り上げなり、利益なりを出していくのは難しい。新たなプラットフォームみたいなものが出てこないと厳しいと思っています。ただ、役割は必ずあるような気がしています。その一つがＢｏｏＣａの取り組みで、フューチャー・ブックストア・フォーラム*で実験し、今井書店、三省堂書店、豊川堂、有隣堂では現在も販売しています。やはり書店に集まる人は本が好きな人が多くて、その人たちの中には、ネットリテラシーが弱い人もそれなりにいるだろうという推測が成り立ちます。それは、ニッチといえばニッチな部分かもしれませんが、そういう人たちをターゲットにした、リアル書店で目に見える電子書籍を売るというのが、一つの方法としてあると思います。

ただ、それ以外は、正直思い付かないというのが現実で、電子書籍端末も売っていますが、端末の売り上げ等の利益だけだと、経営にインパクトがある数字にはならないというのが実態です。

星野――ドイツでは、トリノ・アライアンス*という、書店で電子書籍を売るという仕組みが２０１３年ぐらいからできていて、その話をずっと聞きました。どの書店もほぼ等しく「そんなに売り上げになりません。特に、利益はすごく少ないんです。だけど、撤退はできません。だって、一度Ｋｉｎｄｌｅで買った人は、もう二度と書店に戻ってきませんよ」と、みんな異口同音に言っていたのが、とても印象的でした。

嶋崎さんの所は、もう少し可能性として、単に電子雑誌を付けるだけだと、さっき言われたように、ある種、過渡的な、あるいは延命措置みたいなところはありますが、それをもう

＊フューチャー・ブックストア・フォーラム
日本出版インフラセンターが中心となり、経済産業省からの受託を受け、ＩＣＴを活用した未来の書店モデルづくりのための各種調査研究を２０１１年～２０１４年にかけて実施。その一項目として、書店店頭における電子書籍コンテンツ販売の実証実験を実施。電子書籍カード「ＢｏｏＣａ」を製作・販売した。本フォーラムにはＮＰＯ本の学校も参画。

少し進めて、書店がデジタルにおけるチャネルになっていこうという感じがしますが、その辺は、可能性を大きく見ているということですか。

嶋崎——電子書籍そのものの販売については、関連会社のｈｏｎｔｏでやっていますが、私個人的には、たとえデジタルデータであっても、テキストをそのままデジタルデータに置き換えて販売するというのは、実は全然興味がありません。もちろん便利ですが、むしろプロモーション機能のほうを非常に大きく見ています。

電子の功罪があるとすれば、功の部分は、まさにプロモーションです。これも直近ですが、スターツ出版のベリーズ文庫で、もともと売り上げは伸びていると思いますが、1冊無料、丸々プレゼントという企画をやりました。もちろん空飛ぶ本棚の会員に同意を得た全員に電子書籍を送信しました。それによって、全部が全部そうではないかもしれませんが、6月の新刊4点は、全て過去最高の売り上げになりました。日販のＰＯＳ実績で見ると、昨年対比は153％になって、既刊を合わせると、うちは300％を超えています。こういう使い方もあるのではないか。

功がそうだとすれば、罪のほうは何かというと、先月から、例えばソフトバンクで「ブック放題」という読み放題サービスが始まっています。ＮＴＴドコモはｄマガジンを2014年の今頃から始めました。これは月間400円前後のお金をユーザーが支払って、大体130誌前後の雑誌が読み放題になります。

いろいろな意見があることは知っていますが、ただ、ユーザーからの結構多い声としてあえて言っておきたいのは、100誌いつでも読み放題、場合によってはバックナンバーも含

＊トリノ・アライアンス
ドイツにおいて通信会社ドイツテレコムと大手書店4社が始めた電子書籍販売のための共同プロジェクト。電子書籍端末「トリノ」を店頭で販売し、電子書籍の販売金額に応じて書店に利益が還元される仕組みを持ち、アマゾンの電子書籍サービスキンドルの対抗軸となった。ドイツ最大手取次「リブリ」を通じ、独立系書店も同プロジェクトに参加している。

めて月間400円でいいとユーザーが思った途端に、それは1誌当たり4円ってことになるんだと。書店の店頭に行けば、1冊500円とか、場合によっては1000円で雑誌が置いてあります。これがもともと4円の価値しかないとイメージされかねないのではないかと。

私は、そんなことは絶対にないと思っていますが、そういう若い人の声が実は意外に多いということも、特に出版社の人たちには気付いてほしいと思いました。音楽は、もはや、クラウド環境の聴き放題が中心になってきています。それは止めようがないと思いますが、何も雑誌までそこに引きずられる必要はありません。編集の質は落ちていないし、グレードがものすごく高いものが多いのに「1冊4円だよ」と若者に言われるのが悔しくてしょうがないと感じてしまっています。ここは罪だと思います。

星野――ありがとうございます。佐藤さんは、デジタルとかネットワークとの連携とか、何かお店に生かしていくというイメージは持っておられますか。

佐藤――内緒にしていたんですが、ここに呼んでいただいたので、秘密の話をします。実は、3年前から、ネットをうまく使えないかということをずっと考えていたんです。書店はアマゾンにやられたとか言われていますが、私は何かしてやりたいけどアマゾンに竹槍で勝負してもしょうがない話なので、逆に利用する手しかないと思って考えていました。今年、ようやくその鉱脈らしき所を見つけて、USAのアマゾンで商売をするということを始めました。

実験的に取り組んだ結果、6カ月で40万円ぐらいの売り上げが取れました。多分、まだ振り込みはないのですが、10万円近い利益を取れると見ています。これはもう少し広げて、月間30万円から50万円の利益が取れる柱にしたいと思っています。何でこんな秘密を言うのかというと、これは個人ではなかなかできない点がミソだから言っています。これは、1年ぐらい精査して、うまくいく仕組みを作りたいと思っています。今はここまでしか言えませんが、いずれにしても「活用する」というのが私のキーワードです。

星野――すみません。あまり詳しく伺ってはいけないと思うので、それは、もう少し時間がたって。

佐藤――そうですね。やって1カ月だけで適当な話をするわけにはいきません。でも、現状は、1カ月目は非常にうまくいったと。

星野――そういうトライアルが、また何らかの形になってくると、すごくいいと思います。聞きたいことはまだいっぱいありましたが、そろそろ時間です。最後に、今日は皆さんに比較的ポジティブな話を伺うということでずっと進めてきましたが、ライバルとか、脅威とか、これから経営的に心配していることがないかどうかを少し伺いたいです。松信さん、いかがですか。

松信――文教堂です（笑）。それは冗談として、我々書店業界というのは、こういう事態になってもなかなか危機感をあらわにしないものだと感じています。なので、私が一番脅威に感じているのは、まずアマゾンがどうとか競合がどうということではなく、自分たちの業界の危機感のなさであって、そこをまずきっちり、健全かつ明確なかたちで、自社、社外、業界で共有したいと思っています。敵はどこというのではなくて、敵は身内にある状況だと。

星野――なるほど。では、嶋崎さんはどうですか。

嶋崎――脅威となるものは、どのみち変わっていくものだと思います。書店がどういうかたちに変わっていくのかはわかりませんが、結果として、その変わったものが書店と呼ばれるのかどうかというのは、顧客が決めることだと思っています。むしろ、いろいろなかたちの業態が出てきたときに、それが当社だけではなくて、業界全体の脅威になるのではないかという、そちらのほうが怖いと思います。具体的に言うと、例えば、500坪の売り場面積がある、一応、「書店」という名の付いた大都市の超好立地にある店があったとします。500坪の店があって、その売り場の3分の2が中古本です。3分の1がカフェです。申し訳程度にカフェを取り巻くように10坪ぐらいの小さい新刊の売り場がある。

そこでカフェをふと見ると、新刊を含めて両手に持てないぐらいの雑誌や本が、そのカフェのテーブルに持ち込まれて、汚されながら読みまくられています。これが書店だ、といわれるとどうでしょう。すでに似たような業態はあります。

星野――そのように業態がどんどん変わってくると、それそのものが脅威になってくるというイメージですね。環境は随分違うかもしれませんが、佐藤さんはどうですか。

特別講演会場風景

佐藤――はい。脅威は、人口減、あとは経済規模の縮小。私は、これから日本経済全体は縮小を前提に考えないといけないと思っているので、やはりお客様が減るということが一番の脅威です。お客様が減るということは、お客様の声が減る、お客様の声が減ると、次の手をどう打っていいかが曖昧になっていくというのが、私のやり方で脅威というか、心配です。

もう一つ言うと、同じことになるかもしれませんが、TSUTAYAは、いよいよ美容室手前まで来たと思っています。次は必ず美容室をすると思うし、多分、美容室とコラボして人材派遣会社を作るんじゃないかと、私は勝手に思っています。追い付かれて、あっという間に追い抜かれて、比べるものではありませんが、多分、もうあと1年もたたないうちに、私がやることは全部TSUTAYAのまねのようになっていくと思うので、そこは脅威だと思っています。少し悔しいので、きっと人材派遣会社を作るだろうと先に言わせてもらおうと思いました。脅威というか、賛否はいろいろありますが、考え方が早いのはすごいなと思っています。

星野――ありがとうございます。まさに、今、それなりに大きな取次の経営がおかしくなるような状況なので、出版業界が本当に崩れてしまっていると言っていいぐらいの状況にある中で、皆さんが非常にポジティブにというか、とにかく何とかしなければいけないと、「何でもやるべきことはやる」ということなんだと思いました。

では、いろいろと話を伺うことができました。本日の特別講演はこれにて終了します。どうもありがとうございました。（拍手）

第2部

本の学校・出版産業シンポジウム

第1分科会
「著者の発掘・育成・発表」の新たな形

第2分科会
リニューアルは書店に新たな命を吹き込むか?

第3分科会
「本との出会い方」〜読書情報の変化とこれからの読者像

第4分科会
図書館と書店でひらく本のまち

第1分科会

「著者の発掘・育成・発表」の新たな形

かつて雑誌などの紙媒体が担っていた著者の作品発表の場は、メディアの変革に伴い、さまざまな広がりを見せている。本分科会では、主にコミックの世界において、既存の紙媒体の編集者が行う仕事の枠にとらわれずに、新たな著者をプロデュースし続ける2名のプロデューサーを招き、著者発掘・育成・関係づくり、プロモーションなど、今後の「本」づくりに必要な視点・スキルを聞く。

コーディネーター：梶原治樹（扶桑社／本の学校理事）
パネリスト：菊池健（トキワ荘プロジェクト）
佐渡島庸平（コルク）

梶原——第1分科会「著者の発掘・育成・発表の新たな形」を始めさせていただきます。パネリストの方を紹介します。私の左手にいらっしゃるのが、NPO法人NEWVERY理事、トキワ荘プロジェクトのディレクターの菊池健さんです。そのお隣が、株式会社コルク代表取締役社長の佐渡島庸平さんです。

この「本の学校・出版産業シンポジウム」は、今回で10回目になります。当初は「出版産業」と銘打っていることもあって、「書店」や「流通」などのテーマが多く、ここ4、5年では「電子出版」といったテーマを比較的多く取りあげていました。しかし、ここまで産業構造が変わってきているなかでは、流通だけではなく、従来は出版社が一手に担ってきた、本を作る側の枠組みも変わってきています。それに伴い、著者、作り手の意識も変わってきているのではないかという状況のなかで、先進的な取り組みをされているお二方の話を聞くのが大切なのではないかと思います。

今日はまず、菊池さん、佐渡島さんから、ご自身が取り組まれているということを中心に20〜30分ずつ話をしていただき、そのあと簡単なディスカッションと、会場からの質疑応答を受け付けたいと思いますので、よろしくお願いします。それでは、早速ですが、菊池さんからお願いいたします。

「トキワ荘プロジェクト」の挑戦

菊池——菊池健*です。私は「トキワ荘プロジェクト」という漫画家支援の活動を9年前から行っています。このプロジェクトを簡単に説明すると、東京に出てきてプロの漫画家を目指すという志望者に対して、安いシェアハウスの一室が借りられるという状況をつくっているものです。9年前に東京の板橋に一軒屋を1軒借りたところから始め、現在では、東京で22軒、京都で4軒、一軒家を借りていて、144部屋を提供しています。

ここまで、通算360人ぐらいに部屋を貸していて、その中でメジャー漫画雑誌などでデビューした人が、ちょうどこの間、50人を超えました。現時点では、週刊、月刊で連載している作家が常時5、6人いる状態です。テレビドラマ化をされた漫画が1本ありますが、ア

＊菊池 健氏の略歴

1973年生まれ。機械専門商社、外資コンサル（PwC）、板前、ITベンチャー等を経て、2010年1月よりNPO法人NEWVERYに勤務し、トキワ荘プロジェクトのディレクターを務める。2011年4月より同理事。京都版トキワ荘事業ディレクター、マンガHONZレビュワー等。講演・イベント登壇／司会、大学講義など多数。

トキワ荘プロジェクト
http://tokiwa-so.net/

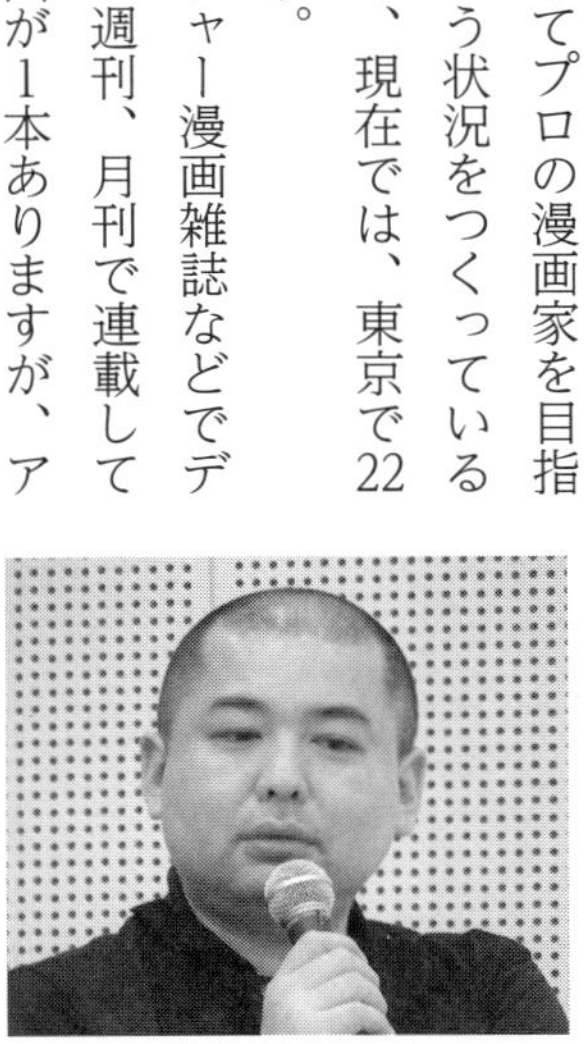

菊池 健さん

ニメはまだ決まっていません。現在3本ぐらいが「どれか（アニメ化が）決まらないかな」みたいな状態です。

そういうシェアハウスの提供によるコミュニティーづくりをメインの活動としつつ、漫画家向けの講習会や漫画家向けのイベントをやったりしています。同時に、佐渡島さんにお誘いいただき、堀江貴文さんが運営している「マンガＨＯＮＺ」という漫画のレビューサイトを２０１４年の2月からお手伝いしていて、レビューを書いたり、広報の手伝いをしたり、イベントで話したり、といったことをしています。

こういう仕事をしていると、デジタルコミックのビジネス、企業を立ち上げたいという、それこそ、大手からベンチャーまでいろいろな人たちがやってきます。新人漫画家を確保したいと思って調べると、どうもウチに行き当たるみたいで、皆さん大体、サービス開設前のタイミングで、私の所に問い合わせをくれるんです。結果的に、ＤｅＮＡが「エブリスタ」というサービスを始める２０１０年あたりから、私はデジタルコミックのさまざまな会社と話をする機会にずっと恵まれています。デジタルコミックの業界によく触れていて、データを知ったりする機会が多いこともあって、こういった講演にもお声がけをいただくようになりました。

そういうことで、今日は私の時間を二つに分けて、まず一つは、ちょうど6月30日にインプレスの「電子書籍ビジネス調査報告書２０１５」

図１　紙の漫画産業の市場規模推移

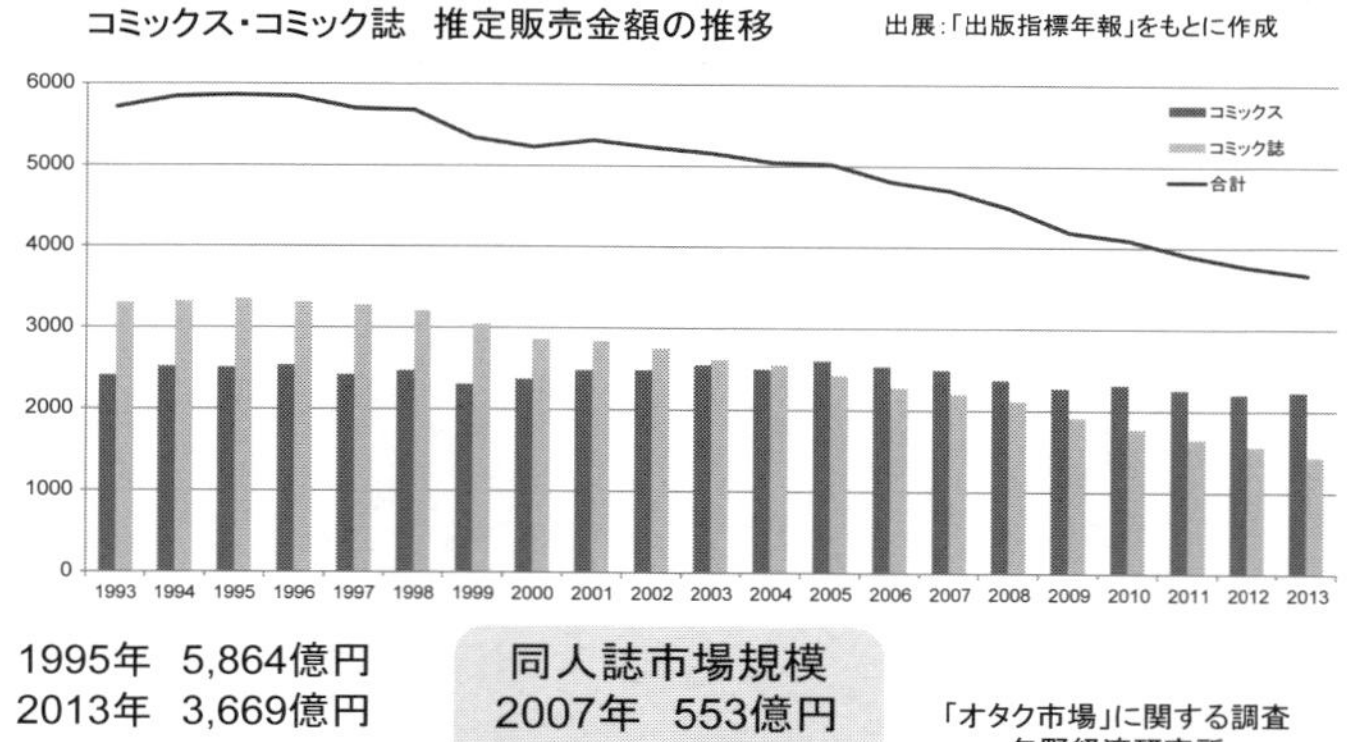

1995年　5,864億円
2013年　3,669億円

同人誌市場規模
2007年　553億円
2012年　716億円

「オタク市場」に関する調査
矢野経済研究所

のデータが発表されましたので、そちらを参考にしながら、漫画産業、中でも主にデジタルコミックの状況について話をします。もう一つは、「2015年のまんが道」ということで、今どきの「まんが道」、新人作家がデビューに向けて何をしているのかという話をしようと思います。

では、まずは漫画産業のデータについてですが、**図1**のグラフは、紙の漫画の市場規模です。まず折れ線グラフが漫画の売り上げです。ピークだと、1995年に6000億円弱あったのが、2013年ベースでは3600億円、大体3分の1ぐらい減っています。

二つの棒グラフがありますが、濃いほうがコミック誌、薄いほうがコミックス（単行本）です。これを見ると、紙の漫画市場は、もうずっと下がっているのですが、特に雑誌が大きく下がり、コミックスは規模をそれなりに維持している状況だと分かります。

図2左側のグラフで一番古い年にあたる1995年で、年間に発売されていた漫画の単行本のタイトル数が6000アイテムぐらいでした。例えば、当時だと『ドラゴンボール』が年に5巻出ているとすると、5アイテムという計算の仕方です。それが、2014年のデータだと、1万2000アイテムぐらい、およそ2倍ぐらいになっています。

また**図2**右のように、1995年当時、単行本を描いている漫画家の数が3000人ぐらいでした。それに対して、ここ数年は、もう6000人を超えていると言われています。つまり、全体の売り上げは下がっ

図2　年間の単行本販売数と漫画家の数

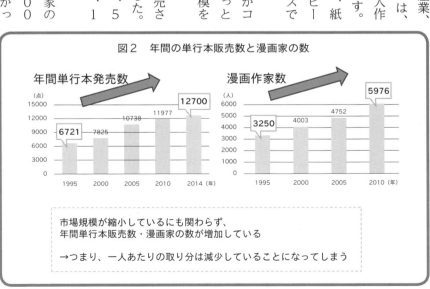

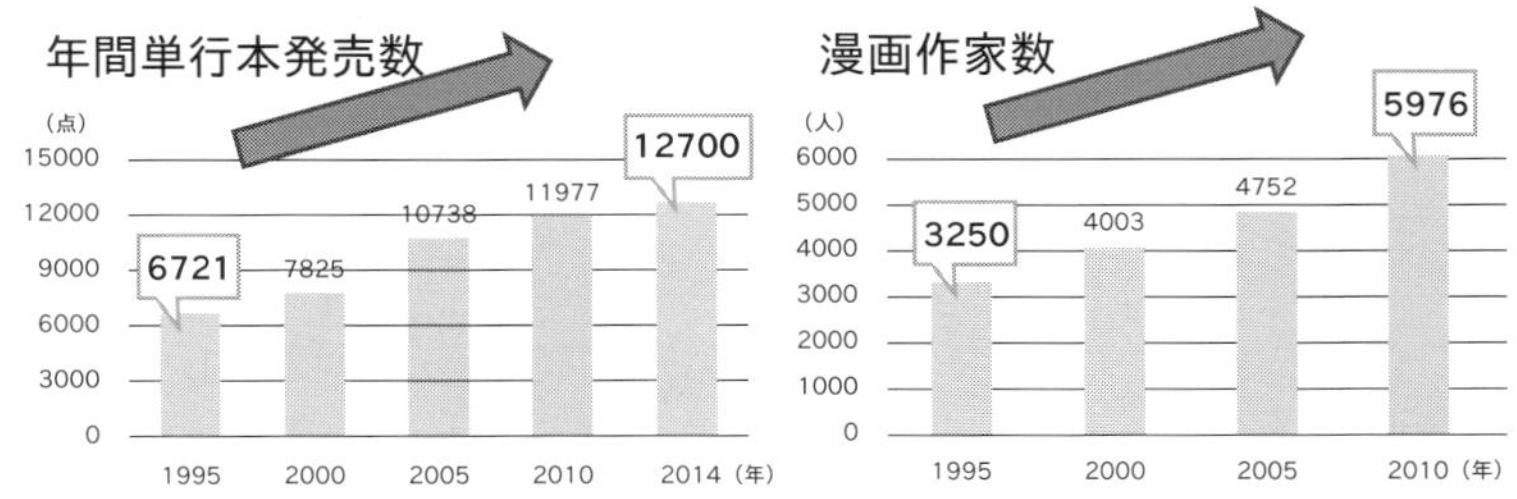

市場規模が縮小しているにも関わらず、
年間単行本販売数・漫画家の数が増加している

→つまり、一人あたりの取り分は減少していることになってしまう

ていて、単行本のタイトル数は上がり、作家の数が上がっていると。結果的には、一人一人の取り分が少なくなっている状態だと言えます。ただしこれは、紙の出版に限定した話です。

これは、最近データを見ていて私が面白いなと思ったものですが、2015年の1~3月の紙の雑誌の発行部数トップ10を出すと、**表1**のようになります。一番上の『週刊少年ジャンプ』の240万部を皮切りに、今、10位の雑誌だと30万部ぐらいです。これは印刷部数なので、売れたのではなくて、多分、4割ぐらいは返品されてくるという数字です。『週刊少年ジャンプ』は、1995年に650万部という記録を出していますが、そこから実に400万部下がっている状態です。

この中で目立っている数字があるとすると、『コロコロコミック』は、今、100万部で3位ですが、前の年は60万部ぐらいでした。1年で40万部ぐらい増えていますが、これは、「妖怪ウォッチ」の効果です。小学館は、本当に、これで素晴らしい恩恵を受けたと言われています。

このデータは、日本雑誌協会がホームページに「印刷部数公表」ということで載せていますが、今載っている中で一番古いデータは、7年前の2008年です。実は、トップ10の雑誌だけでも、この7年で350万部ぐらい落ちています。そして、それより私が驚いたのが、7年前の2008年のトップ10と最新の2015年のトップ10が一緒だということです。ひとつも入れ替わっていないのです。考えられることは一つ

表1　漫画雑誌印刷部数トップ10（2015年1月～3月）

2015年1月～3月　主要雑誌ランキング				
順位	ジャンル	雑誌名	出版社	発行部数
No.1	少年誌	週刊少年ジャンプ	集英社	2,422,500
No.2	少年誌	週刊少年マガジン	講談社	1,156,059
No.3	少年誌	コロコロコミック	小学館	1,050,000
No.4	青年誌	週刊ヤングジャンプ	集英社	577,273
No.5	少年誌	月刊少年マガジン	講談社	575,367
No.6	少女誌	ちゃお	小学館	555,000
No.7	青年誌	ビッグコミックオリジナル	小学館	552,500
No.8	青年誌	ヤングマガジン	講談社	453,077
No.9	少年誌	週刊少年サンデー	小学館	393,417
No.10	青年誌	ビッグコミック	小学館	320,667
			10誌合計	8,055,866

＊　3ヶ月間の1号あたりの平均印刷証明付き発行部数

出典：日本雑誌協会「印刷部数」公表より作成

しかありません。読者は変わってない。でも減っている。紙の雑誌は、今、こんな感じです。

さて、明るい話をしましょう。先ほど話した、『電子書籍ビジネス調査報告書』のリリースで発表されていた、電子書籍の２０１４年までの実績と２０１９年までの予測が**図３**です。インプレスは「電子出版」というカテゴリーで数字を出していて、濃い濃度のほうが電子雑誌、薄いほうが電子書籍のデータです。

それによると、２０１４年は電子出版全体が１４００億円の売り上げを出しましたが、そのうち１２６６億円が電子書籍です。１０００億円を超えてきたというのが記録的なところですが、一般的に、電子書籍の売り上げのうち、日本の場合は８割が漫画だろうと言われています。

２０１４年はついに、電子コミックの売り上げが実績で１０００億円を超えたことになっています。インプレスでは、２０１５年のデータをもとに２０１９年の市場予測を出していますが、これは、スマートフォンの普及台数などをもとに想定した数字です。東京オリンピックの前の２０１９年には２３１２億円ということで、それだけデジタルで漫画が売れると想像されています。

実は、インプレスは何年も前からこの調査をやっていますが、試算している数字とそのあと出てくる実績との誤差がすごく少ないです。その辺は、すごく評価できるのではないかと思います。

図３　電子書籍2014年実績と将来予測

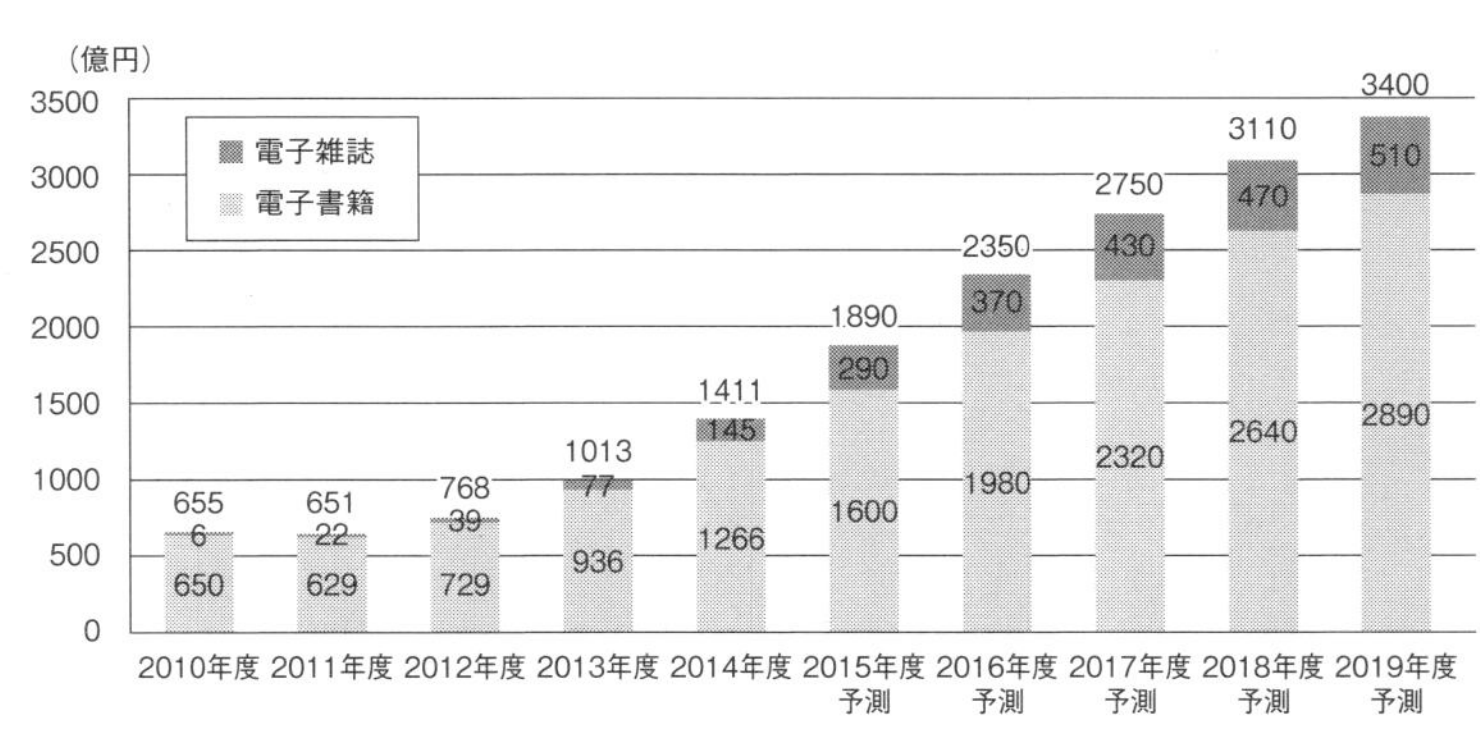

出典：「電子書籍ビジネス調査報告書2015」（インプレス）

最初に紙の漫画市場がずっと落ちているという話をしましたが、インプレスが出している電子書籍の売り上げに80%を掛けて、「電子コミックの売り上げはこれです」という数字を足したものが、**図４**のグラフです。左側が紙、右側がデジタルの市場予測です。出版不況と言われて久しいですし、栗田出版販売さんのことをはじめ、いろんなことが起きている業界ですが、実は、稼ぎ頭であるコミックの業界ということで言うと、紙の単行本、紙の雑誌、デジタルを会わせたコミック全体の売り上げは、たぶんもう反転しています。２０１４年は、「どうかな」というぐらいでしたが、15年はもう明らかに上昇に転じているという状況に来ていて、紙と電子を合わせて合計４５８１億円というのが、おそらく現在の「漫画がお金で買われている市場」になると思います。

試算に試算を重ねて、将来予想図を作ってみました。２０１４年までは、実績値ですが、２０１５年以降は予測値です。右側のデジタルのほうは、インプレスのデータをそのまま使用していて、左側の紙の売り上げは、エクセルの予測関数を使って試算してみました。

これで言うと、デジタルも含めた漫画市場全体の売り上げは上がっていくようです。これは２０１９年までの予測になっていますが、この法則にのっとると、東京オリンピックがある２０２０年には５０００億円に到達するのではなかろうか。５０００億円というのは２００５年程度の水準です。

図4　電子コミックの実績と予測値　※予測値は菊池氏による

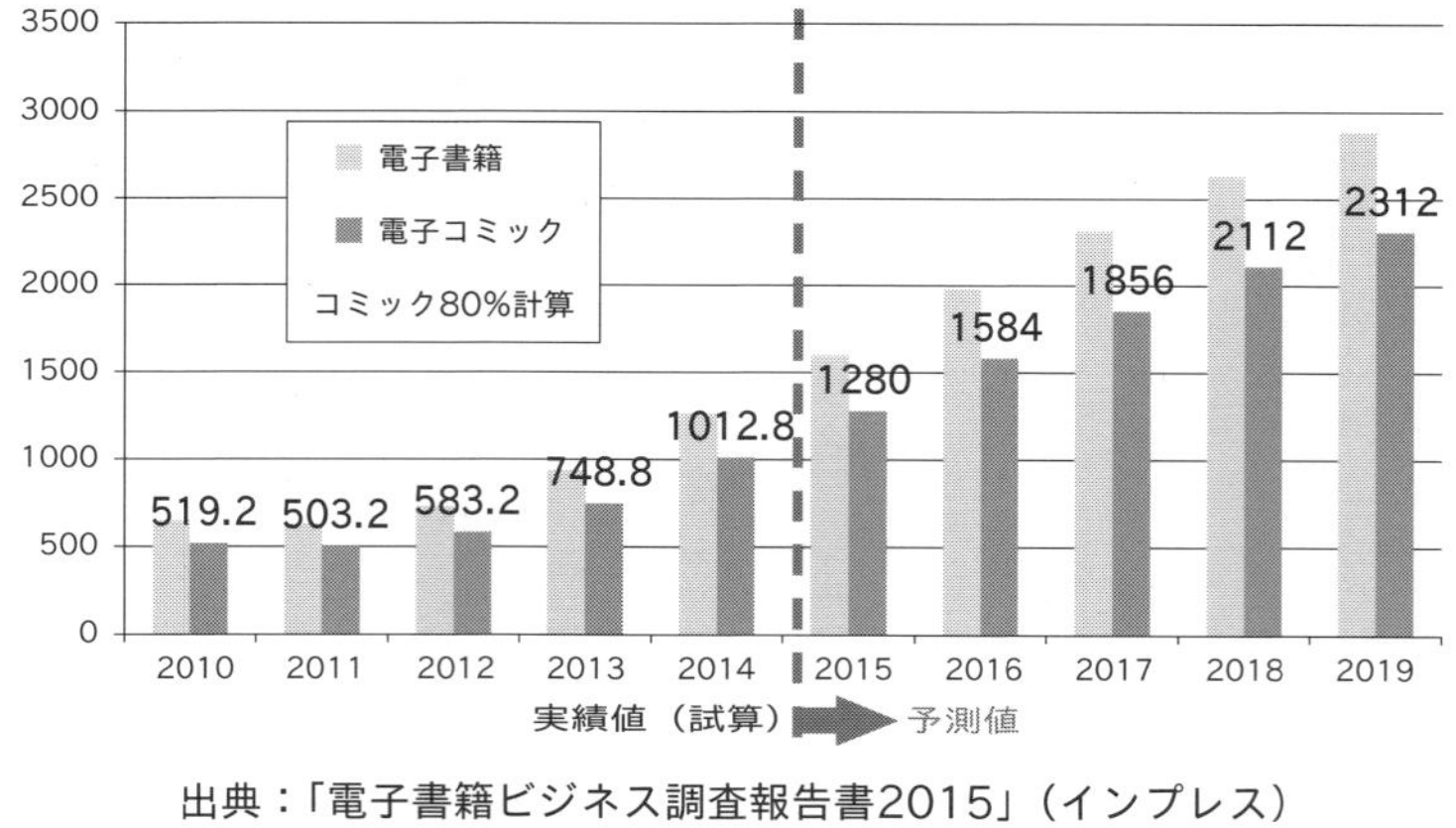

出典：「電子書籍ビジネス調査報告書2015」（インプレス）

このグラフでデジタルと紙の割合を見ると、2020年になると、恐らく、デジタルのほうが紙より売れている状況になっていると出ています。あくまでも全部予測ですが、これはすごいです。紙よりデジタルのほうが売れている時代って、まだ全く実感できないと思いますが、そういう状況です。

では次に、そのデジタルのコミックがどこで売れているかという話をします。次の**図5**は、デジタルコミックを売っている主要なサービスです。

ガラケーでコミックが売れていた時代の御三家は「コミックシーモア」「まんが王国」「eBook Japan」です。当時は、「コミックシーモア」が最強という感じでした。それから、ずっと苦労してこの間上場した「eBook Japan」などの老舗があります。

2011年ぐらいから、アマゾン、楽天「Kobo」、ヤフー、ニコニコ動画などの巨大ウェブサービスがコミック配信に参入しはじめ、出版社も『ガンガン』を筆頭に、各社が電子配信に乗り出しはじめました。近年のトレンドとしては2013年の秋ぐらいからですが、漫画アプリとして「マンガボックス」とか「comico」とかが出てきて、これらが非常に伸びていると言われています。

先ほどの1000億円、デジタルコミックが売れているという観点で書き直すと、多分、**図6**のような感じになるのではないかと思います。

図5　国内主要電子コミックサイト

アマゾンは、キンドルに限らず、全ての数字をほとんど公表していません。アメリカのアマゾン本体のＩＲリポートを見ると、「北米ではこれだけの売り上げ、それ以外ではこれだけの売り上げ」みたいに、それしか出していません。それ以外の数字は、基本的にアナリストのリポートぐらいでしか出ていません。

しかし、インプレスも試算しているわけで、大体どれくらいという話で言うと、恐らく３００～４００億円ぐらいキンドルは売れているのではないかと思われます。そう考えると、１２００億円売れている中で、25～40％ぐらいの間ぐらいにキンドルがいるのではないかということで、一番大きいシェアを持っています。

２番目はどこだという話をしたときに、あまり知られていないと思いますが、決算数値で発表されている中で、一番大きかったのは、「めちゃコミック」というブランドを持っているアムタスという会社です。１２０億円程度という予測ですが、ここが2番目に売れているのではないかと思っています。

これに「ｅＢｏｏｋ Ｊａｐａｎ」、「ＬＩＮＥマンガ」、凸版印刷の「ＢｏｏｋＬｉｖｅ」、大日本印刷の「ｈｏｎｔｏ」が続きます。この辺が、大体50億円ぐらいの水域です。ここから上ぐらいが、要は、数十億円以上でデジタルコミックを売っている、多分、主力のプレーヤーなのではないかと思います。

図６　国内主要電子コミックサイト（かなり推測含）

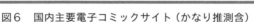

別の意味で、今、漫画業界で注目されているのが、ＤｅＮＡの「マンガボックス」とか、ＮＨＮの「ｃｏｍｉｃｏ」とか、集英社の『ジャンプ』が切り込んできた「少年ジャンプ＋」とか、その辺りです。２０１３年の秋ぐらいに、この辺のサービスが急速に始まりました。

「ジャンプ＋」を除いた、「マンガボックス」「ｃｏｍｉｃｏ」「コミックスマート」などが事業展開し始めます。「コミックスマート」は、「ＧＡＮＭＡ！」というアプリを出していますが、アプリのダウンロード数で言うと、２０１４年３月ベースで、当時、「ｃｏｍｉｃｏ」が１００万ダウンロード、「マンガボックス」が３００万ダウンロードという数字でした。

１年後、２０１５年３月の公表数値で言うと、**図７**のように「マンガボックス」が７００万ダウンロード、「ｃｏｍｉｃｏ」が９００万ダウンロード、「ＧＡＮＭＡ」が１００万ダウンロード、「ジャンプ＋」が３００万ダウンロードです。

先ほどの雑誌の販売数の数字を思い出すと、現在、トップの『少年ジャンプ』が２４０万部、戻ってきている40%を考えても２００万部を切るぐらいです。それに対してアプリのダウンロード数が９００万ダウンロードとか、７００万ダウンロードとか、今現在、「マンガボックス」は８００万ダウンロードぐらいで、「ｃｏｍｉｃｏ」は１０００万ダウンロードぐらいと公表されていますので、紙の『少年ジャンプ』の実売

図７　主要マンガアプリダウンロード数（2015年３月）

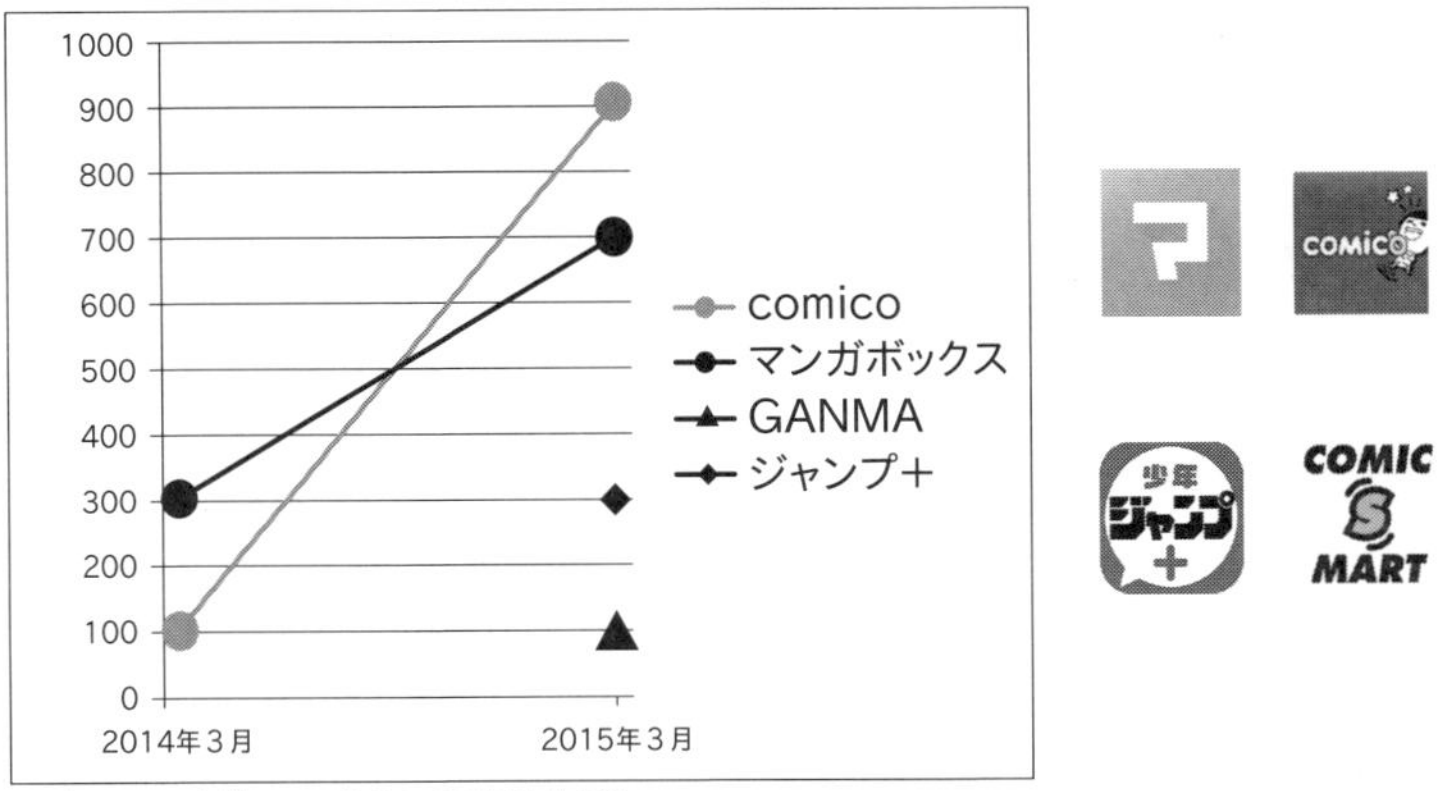

※ダウンロード数のみ、DAU・MAUは非公開

数の5倍ぐらいダウンロードされています。

アプリの世界には独自の数字の出し方があって、例えば、DAU（デイリーアクティブユーザー）、MAU（マンスリーアクティブユーザー）という指標があります。要は毎日、あるいは毎月何人くらいアプリを使っているかというものなのですが、「comico」は1000万ダウンロードされていますが、ある外部の会社が解析した予測値によると、「comico」のMAUは3～4割ぐらいだろうというところです。ということは、毎月スマホで漫画を読んでいる人が、少なくとも300～400万人ぐらい読んでいるという計算になります。おそらく、ユニークユーザー数で言うと、現在、日本最大になっているのが、「comico」というわけです。

現時点で「comico」は、アプリ上で漫画を売らず、全部無料で読める状態です。もちろん作家に対して原稿料、インセンティブは払っていますが、これは「マンガボックス」も同様のビジネスモデルです。ここは後ほど細かく話しますが、要は、無料でコミックを読めるサービスが、こういう勢いを持っているというのが、今のデジタルコミック業界の状況です。

私はブログをやっていて、そこでこれらのデータは後日きちんと解析して説明しようと思いますので、興味のある方は、ぜひ私のブログを見てください。多分、私のツイッター（@t_kikuchi）をフォローしてもらうのが一番簡単だと思いますので、よろしくお願いします。

では、後半は、「2015年のまんが道」ということで、これは、私の本来の仕事です。新人漫画家支援という観点で、今、どんな感じで新人がデビューしているかという話をしようと思います。

この**写真1**は、今年で通算4年目になりますが、京都で開催している漫画の出張編集部というものです。40～50の編集部の編集者たちに京都に来ていただいています。今、京都には漫画を教える大学が3校、専門学校が4校、そして大阪に専門学校が十数校あり、その中で漫画を勉強している人たちが山のようにいます。その人たちを呼んで、出張してきた編集者（写真の真ん中寄りにいるのが編集者）が、その人たちに漫画家の卵たちが原稿を持ち込む場というのを開催しています。編集者が100人ぐらい来て、持ち込む学生たち、プロの人も含めて総勢300人ぐらい来るというイベントです。

このように、紙の漫画の世界では、こういった編集部への原稿持ち込み、新人賞への投稿、あるいはその合わせ技でデビューし、プロになっていく方が、うちの調査だと4分の3、75％ぐらいだと思います。

持ち込みも賞への投稿もしたことがないけどプロになっている人が、4分の1ぐらい居ます。どういう人たちかというと、例えば、コミケに代表されるような、同人誌を作って個人的に売る場があって、そこで売っている人たちをスカウトするとか、あるプロ作家を手伝っていたアシスタントが、成り行きでプロ作家になるとか、そういったスカウト形態です。

図8は、いつも私が漫画の専門学校とか大学などに行って、「どうやったらプロになれるのか」という話を学生に向けてするときに、最初に話すことです。

写真1　「2015年のまんが道」

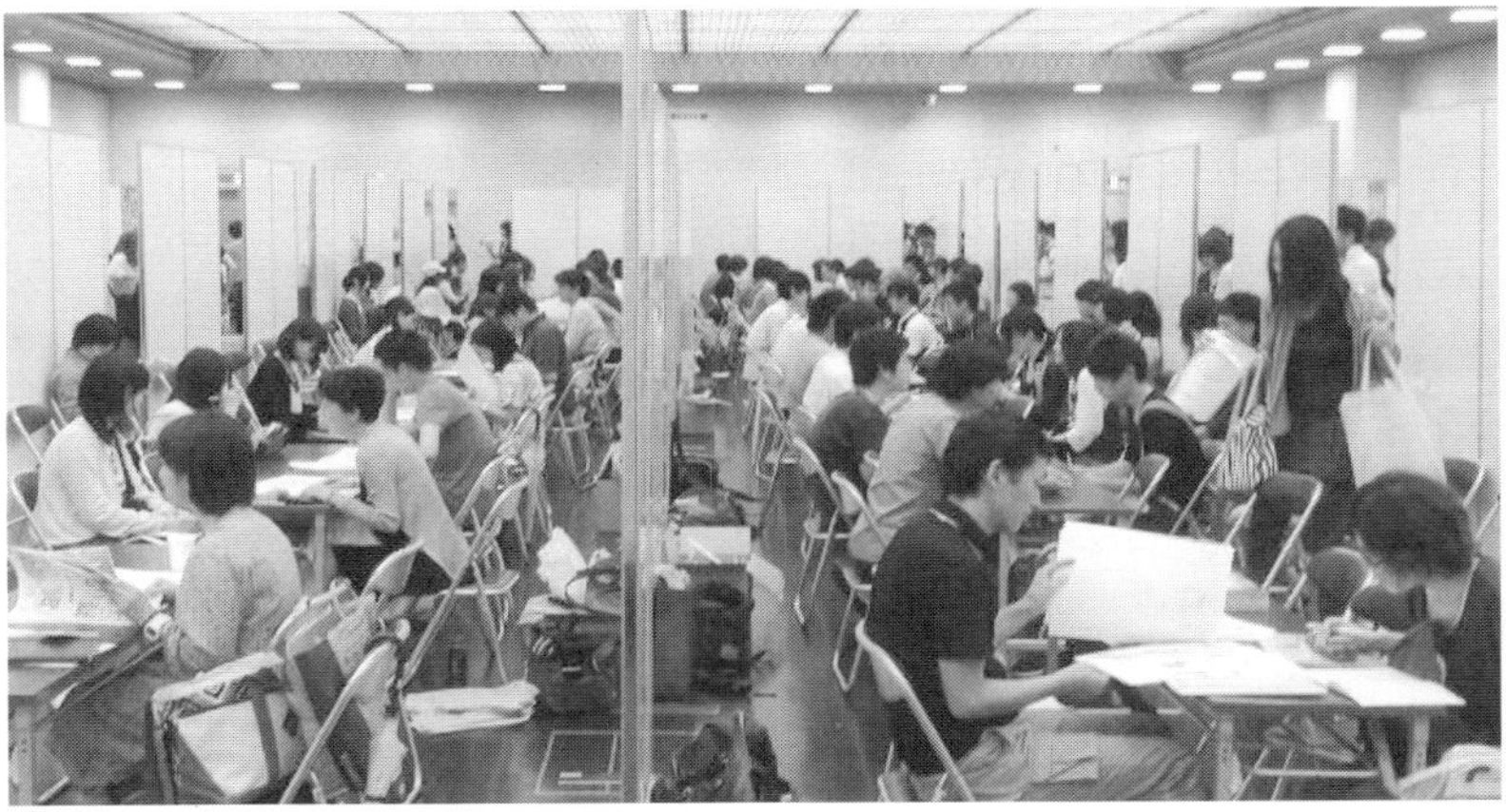

今、漫画で食べている人たちはどういう所で働いているかという話なのですが、左上が、普通に紙の雑誌でデビューして、それが単行本になって、アニメになって、展開してというケースで、多分、ほとんどの人が、漫画家というとそこをイメージすると思います。産業規模的にも、多分、ここが最大だと思います。これが一般的で、学校で勉強する子は、ほとんど、ここを目指しています。

今変わってきているのが、右上のデジタルコミックです。デジタルで食っていくというのは、それはそれで、今、一般化しています。

あと、あまり一般の方にはなじみはないと思いますが、コミケとか、ほかにもいろいろありますが、そういう同人作家、同人誌即売会と言われるところで食べている人が、厳然といます。この東京ビッグサイトで毎年夏・冬にコミケをやっているわけですが、もはや、日本最大のイベントとなっていて、1日20万人がここに来ています。あまりの熱気に会場の中に雲ができてしまったことが、本当にありました。すごく臭いです（笑）。

その同人の人たちの中で、俗に「壁サークル」と言いますが、会場の中で壁寄りの所に広いスペースを作って漫画を売っている人たちが居ます。もはや、これは趣味の領域ではないです。そこでシステマチックに同人作品を売っている人たちは、本当に、1日1０００万円くらいは売っています。

図８　漫画で食べてる人々の居場所

私どもではいろんなイベントをやっていますが、その中に、漫画家向けの確定申告講習会というのがあります。漫画家の確定申告は非常に厄介なので、それをよく分かっている税理士さんでないとうまく対応できないことがあります。「ネームを書くのに喫茶店でコーヒーを飲んだんだけど、これは経費になるか」と聞いたときに、「ネームって何ですか？」と言う税理士だと、確定申告できないです。だから、そういう詳しい税理士を呼んで、こういう講習会をすると非常にウケるのです。

すると、そこに毎年必ず、数名の同人誌作家が来ているんです。その人たちの中にはもう普通に家を建てた人がいます。私は都市伝説だと思っていましたが、同人誌だけで家を建ててしまう人が実際に存在していました。

あと、下の二つ、コミカライズと広告漫画です。基本的に、誰かに依頼されて漫画を描くのが多いです。原作のある方、例えば最近だと、池田信夫さんという政治学者の人から「政治系の原作があるから、漫画にしてほしい」という依頼を受け、うちの漫画家志望者に声をかけ、小泉進次郎さんが主役の漫画を描いて単行本を出しました。こんなのが、コミカライズの例です。

右下は広告漫画で、これはアドマンガ・ドットコムというサイトなどが代表的です。アドマンガは、たくさんの広告漫画などに多用できるような作家を抱えて、依頼があったら広告漫画をプロデュースするみたいなことをやっています。

この辺が、大体、漫画で食べている人たちの居場所です。ほかにも職業としてのアシスタントとかいろいろありますが、ここでは割愛します。

そんな中で、今日は、新人の環境はどうなっているかを説明するために来ているので、それを話すと、**図9**は一例ですが、左上はさきほどの「ｃｏｍｉｃｏ」です。「ｃｏｍｉｃｏ」はアプリとして１０００万ダウンロードされていますが、ここでお金をもらって作品を連載している作家が、通算で１５０名近くいます。常時連載しているのが、１００名以上いるということです。つまり、３年前には存在しなかった「ｃｏｍｉｃｏ」という媒体は、現在、１００人以上の漫画家を食わせているということになります。

公表されているベースで言うと、その１００人あまりの「ｃｏｍｉｃｏ」作家の中で、もともと漫画家だった人は半分もいないそうです。アニメーターであったり、小説家であったり、要は、いわゆる漫画家ではなかった人たちが、スマホで読む、縦読みのカラーの漫画を「ｃｏｍｉｃｏ」で描いているというのが現状です。

「マンガボックス」も同様です。ここは、講談社と組んで、樹林伸さんが編集長になって、そこの編集部がアプリで漫画を読ませるということをやっています。こっちは、『少年マガジン』編集部経由で新人が出てきたり、持ち込みを受け付けたり、あと、インディーズという取り組みをやっています。

「ジャンプ＋」があります。『週刊少年ジャンプ』は、漫画家なら誰もがあこがれる媒体ですが、今までは、そこの新人賞、手塚賞とか赤塚賞に応募して賞をもらうと、うまくいけば『ジャンプＮＥＸＴ！』、

図９　デビュー場所としての、電子コミック

comico
1,000万DL
連載100名以上
掲載自己責任型
チャレンジ作品

マンガボックス
700万DL
マガジン等編集部と連携
インディーズ

ジャンプ＋
300万DL
ジャンプ系のチャレンジの場
初の掲載フリー

Kindle Direct Pub
電子のシェアNo1
自力で自主出版

毎日100万人が読む
漫画原作者向き
５年で200作品マンガ化

昔で言うと『赤マルジャンプ』ですが、そういった雑誌に、取りあえず、読み切りの作品を新人として載せて、それの評判がいいと『ジャンプ』本誌に連載する、といった〝王道〟がありました。それが当たり前でした。

現在は、そこのルートが2本になって、ジャンプ＋というアプリが実はもう新人の登竜門として機能していて、「これはネットでなければ載らないだろう」みたいな作品も、ジャンプ＋には載りつつ、うまくいけば、そこから『ジャンプ』に連載するという新しい道がそろそろつながってくるのかなみたいな感じになっています。王者・集英社『ジャンプ』も、そういうところを意識しているということです。

次が、アマゾンの中でも、特にキンドル・ダイレクト・パブリッシングと言われるものです。キンドルは電子書籍のシェアがナンバーワンで、そこで成功した有名な漫画家でいうと、鈴木みそ*さんが、自分の漫画をキンドルで配信して成功した体験をさらに漫画にした、というものが非常に注目を集めていますが、そのほかでキンドルで活躍する目立った新人というのはまだいません。

小説の世界だと藤井太洋*さんとかもいますが、今のところ、アマゾンのダイレクト・パブリッシングは、新人には優しくないです。ある程度力のある方が、自分で何とかできるというところで伸びていくという形はあると思います。ただ、アメリカでは新人も成功しているという話もあるそうなので、これから変わっていくかもしれません。

最後は、「E★エブリスタ」です。これだけでも結構いろいろ説明できます。これは、漫画もやっていますが、実は、小説を中心としているサイトであり、アプリです。2010年頃に、DeNAとNTTドコモが合弁会社をつくって始まったサービスです。もともと、De

＊鈴木みそ

1963年生まれ。ゲーム雑誌の編集・ライター・イラストレーター等を経て漫画家に。電子書籍の個人出版にいち早く着目し、2014年にはAmazonで1000万円以上を個人で売り上げ、注目を集めた。自身の体験・取材をもとに電子出版の現状を『でんしょのはなし』『ナナのリテラシー』等の漫画にまとめている。

＊藤井太洋

1971年生まれ。2012年にSF小説『Gene Mapper』をセルフ・パブリッシングで電子出版し、同年の国内キンドル市場で、最も売れた文芸・小説作品となり注目を集めた。以降、2013年に早川書房『Gene Mapper -full build-』を刊行するなど、作家として活躍を続ける。

NAがやっていた「モバゲー」の中に携帯小説のコーナーがあって、そのコーナーを引き継いで作られたのが、E★エブリスタです。

私は、2010年からここで漫画を連載するほうにずっと関わっていましたが、エブリスタは、この5年間ずっとこのウェブサイト上で小説を競わせるということをずっとやり続けました。結果的に、この5年間で、そこで競わされた携帯小説を原作とした漫画本が、200作以上、単行本化しています。冊数で言うと、300冊を超えています。

何が起きているかというと、ここは小説投稿サイトですが、結果的に、今、漫画原作者を生み出すプラットフォームになっているということです。

現在、漫画原作者になる明確なキャリアというものは存在しません。漫画家が投稿していて、「君、話は面白いんだけど、絵がうまくないね」と言って原作者になるパターン、それから、小池一夫さんみたいに映像の脚本をやっていた人が原作者になるパターンくらいしかなかったんですが、このエブリスタの存在のおかげで、ほかにも、「小説家になろう」のような投稿サイトや雑誌などに投稿された小説の中から漫画原作として使えそうなものを見つけて作品化するというのも一般化しています。

すでに、エブリスタを経由して、漫画原作者としてデビューしている人が3桁以上生まれており、活躍されています。そういう意味では、こちらも非常に漫画家のデビューに貢献しているサイトです。こんな感じで、「まんが道」を広めています。

例えば、**図10**は、「ｃｏｍｉｃｏ」のシステムですが、これは、スマホを縦にスクロールさせて、カラーで読む。正直、描くという作業そのものも、もう今までの雑誌とは全然違ってきています。

もっとすごいのは、基本的には、読者が選んでいる人が連載できるという仕組みそのものです。「ｃｏｍｉｃｏ」そのものは、立ち上げのときは50人ぐらいスカウトした作家を呼んできて、「公式作家」と名付けて、その人たちは、月に20万円もらって、最低、月間４本作品を載せるという条件で契約します。

それを週刊ベースで、縦読みの漫画でデータにすると、とても縦に長いＪＰＥＧ画像になりますが、それを作って納品します。これ１本が大体５万円ぐらいで、あとで読まれた量に応じてインセンティブが付くという契約です。分量で言うと、最低、普通の漫画の単行本で10ページから９ページ分になります。換算すると、大体それくらいになります。それをみんな、週刊で出しています。

今、百何十人連載していますが、最初の50人以外の人たちは、みんな、この「チャレンジ作品」というシステムに乗ってデビューしています。「チャレンジ作品」というのは、要は、先ほどの縦長のデータの漫画を描く人であれば、ほぼ、誰でも「ｃｏｍｉｃｏ」という媒体に掲載することができます。「誰でも、ｉＰｈｏｎｅのアプリが出せます」みたいな感じです。

掲載したものを読み手側が、「いいね！」と押すとか、実際に読んでくれるとか、そういうふうにしてくれると、それが評価として高まっていって、ある程度評価された人が、「ベストチャレンジ作品」の上位の

図10　comicoのシステム

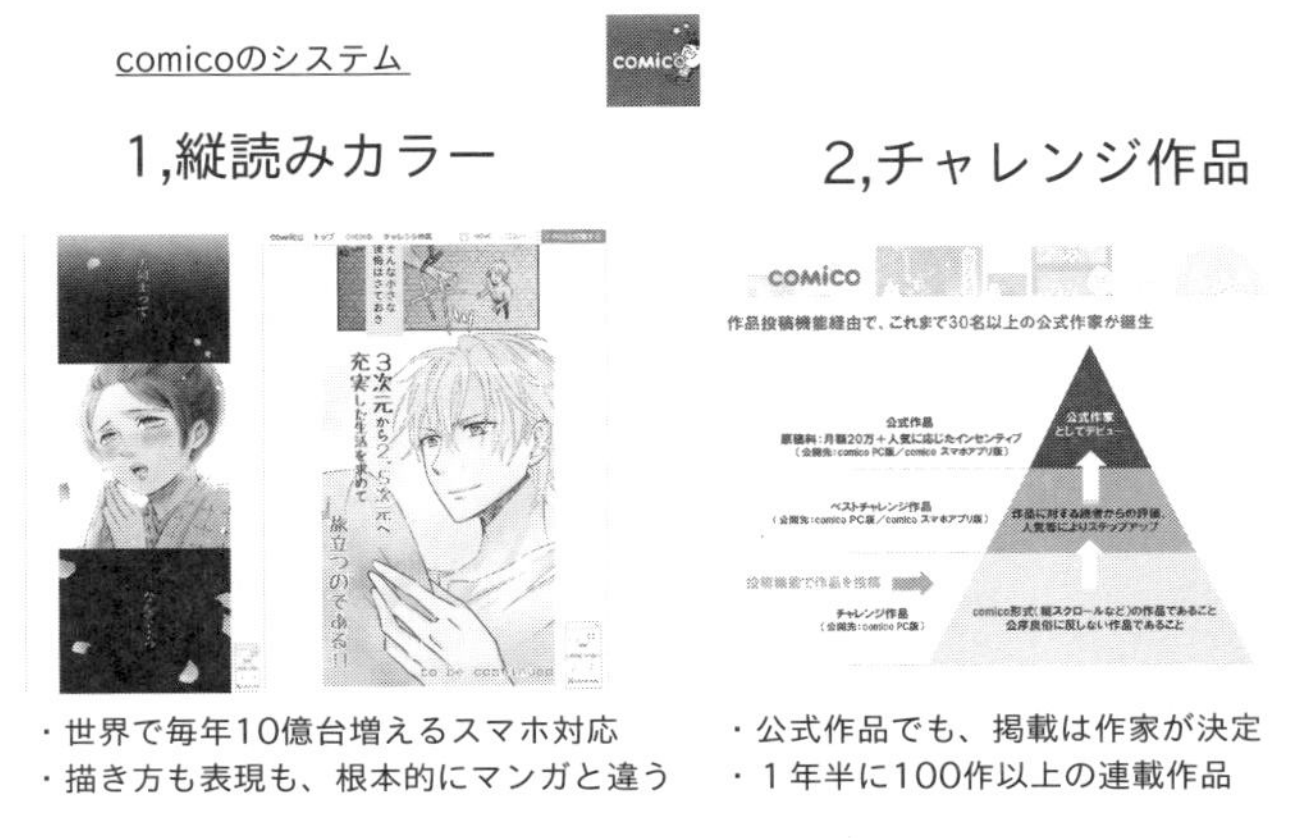
comicoのシステム
1,縦読みカラー
2,チャレンジ作品
作品投稿機能経由で、これまで30名以上の公式作家が誕生
・世界で毎年10億台増えるスマホ対応
・描き方も表現も、根本的にマンガと違う
・公式作品でも、掲載は作家が決定
・１年半に100作以上の連載作品

ところから、編集部に選ばれた人が「公式作品」になって、プロになるという仕組みになっています。月に数名単位と言われ、毎月、入れ換えしているそうです。

ここですごいのは、このベストチャレンジから公式になるところでしのぎを削っている人たちです。あの人たちは人気を獲得するために、無料で毎週のように作品を掲載しています。これは、漫画家を育てたことがある人だったら誰でも悩むことですが、普通、プロの作家は、新人からスタートしてプロになるプロセスの中で、毎週毎月継続して、高い品質の作品を作り続ける漫画制作の力の基礎体力を付けるところに苦心します。

今までの紙の業界だと、「別に1年かけたっていいから、まず1本作品を作りなさい」というところで勝負します。面白い作品ができた人は、「プロになるので、あなたは連載するんだよ」と言われてたくさん作る力を身につける。こういうルートを通ります。

しかし、「ｃｏｍｉｃｏ」は、とにかく、「あまり面白くないかもしれないけども、連載はできている」という状態の人間が上に上がります。基礎体力はすでにある状態で上に上がっているということが、今起きています。はっきり言ってしまいますが、今までの漫画を読んでいる人たちからすると「ｃｏｍｉｃｏ」の作品は「面白くない」とよく言われます。しかし、「ｃｏｍｉｃｏ」をダウンロードしているのは高校生とか中学生なので、要するに、新しい感覚を持っている人たちが評価しているという軸がまずあって、そこで評価されているものであれば連載になるということです。

普通、漫画家は、デビューしたあと、連載するのがすごく大変ですが、最初からそういう連載する体力を持っている人が上がっていって、さらに読者の人たちで「いいね！」を増やそうと努力してうまくなっていくみたいな、「何か順番が逆だよね」みたいな感じで上がっているのが、「ｃｏｍｉｃｏ」の特徴の一つかなと思います。それ以外にも、「ｃｏｍｉｃｏ」は本当にいろいろ特徴的なものがありますが、新人が上がっていくという仕組みだけで言うと、そんなようなかたちです。

次、「マンガボックス」です。**図11**は「マンガボックス」の画面ですが、雑誌の表紙というか、目次というか、それに当たるトップ画面です。こういうふうに作品があって、ある作品をクリックすると、普通の漫画と同じように読めます。さきほど、「ｃｏｍｉｃｏは、お金を取ってない」と言いましたが、「マンガボックスはお金を取っている」と言ったと思います。この画面で正方形がいろいろありますが、左上のカラーになっているのが、実は、宣伝です。これをクリックすると、幾らかマンガボックスに入るという仕組みです。

さらに、右上の漫画の作品が白黒になっています。スマホの作品なのに、わざわざ白黒にしているのは、先読み機能待ちの掲載というものです。先読み機能とは何かというと、本来であれば、無料で読めれば、「今週分はここまで」と決まっているとすると、その翌週分はこういうふうになっています。これをクリックすると、右側の画面に遷移する。右側の画面は何かというと、「あなたがこの作品を読みたいのであれば、このアプリをダウンロードしなさい。このアプリをダウンロードしたら、あなたが読みたいと言っている先の話を読ませてあげるよ」という機能

図11　マンガボックスのシステム（1）

です。

これは、ダウンロードを1個するごとに、広告を成立させたということで業者から数十円のお金が入ることになります。アプリが1万個ダウンロードされれば、何十万円が入るということです。これが、「マンガボックス」の収入だったり、作家の収入になるというのが、マンガボックスの仕組みです。

創作と制作を巡る環境が、**図12**のように時代とともに変化してきているといえます。

「マンガボックス」には、「ｃｏｍｉｃｏ」同様、インディーズという仕組みがあります。仕組みは全く一緒ですが、誰でもマンガボックスに作品を載せることができます。そして、これがマンガボックスの非常に特徴的なところなのですが、左上の本のマークの所とハートのマークの所に、ものすごい桁数の数字が書いてあります。この「あやぱん」さんという作家は、お金をもらわずに、ここに自分から作品を載せています。その人に対して、「いいね！」を付けてくれた人が、29万５４１３人です。

今まで、新人がネットで作品を載せたとしたら、別にどこでも、ブログでも何でもいいですけど、20万人以上の人が見るなんてあり得なかったです。「マンガボックス」に載せることによって、何十万人の人が、「いいね！」をしているということは、もっと読んでいるという

図12　創作と制作の関連図

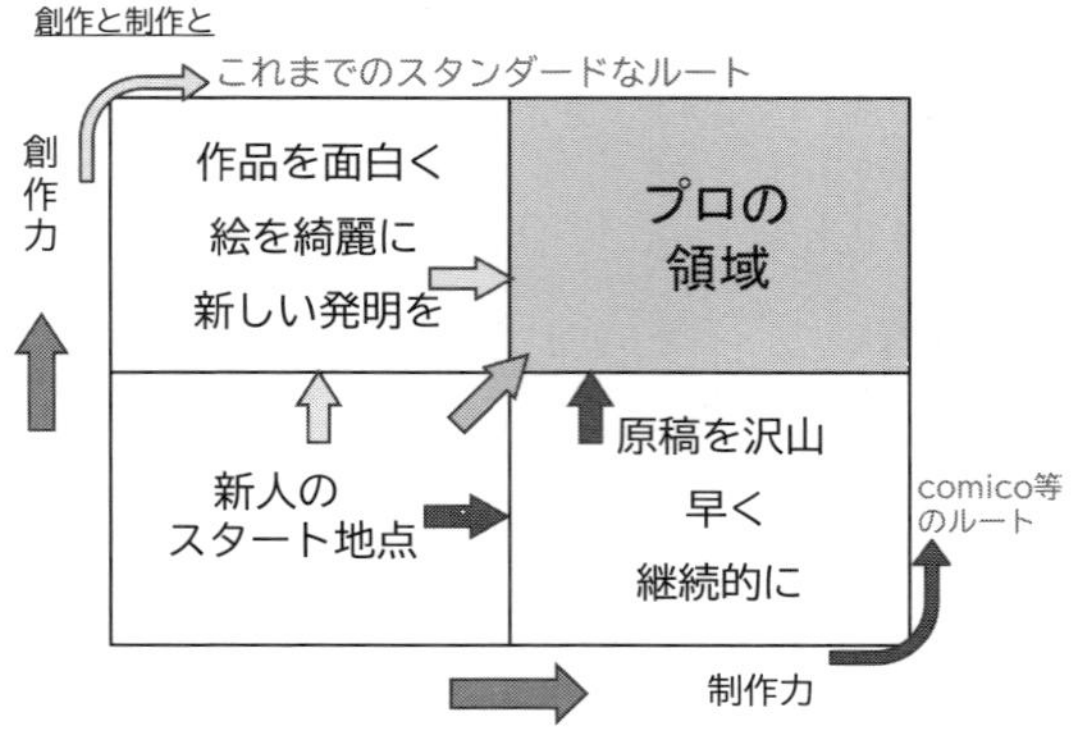

ことです。ちなみに、左側はページビューで、これだけ読まれている、これだけページがめくられたという意味です。この辺は、昔は、新人賞というか、どこかに投稿して編集者しか見ないというものでしたが、現在は誰でも見られる仕組み、読者が評価する時代になっていると言えます。

ちょっと変わっているのが、**図13**下の「Ｂｌａｃｋ Ｌｉｎｅ」（水瀬チホ作）です。これは、新人のためのインディーズという仕組みです。そこになぜか「単行本発売」と書いてあるのが見えますが、この単行本は、ＫＡＤＯＫＡＷＡから発売します。

これは、マンガボックスというサービスの新人のためのインディーズという枠に、ＫＡＤＯＫＡＷＡから発売される作品の連載がされているわけです。しかも、「単行本発売」と宣伝しています。同じことですが、「いいね！」が26万個付いています。ＫＡＤＯＫＡＷＡが、自分の所で連載していないけれど、自分の所から販売する単行本の作品を、26万人に「いいね！」されている状態で発刊することができるわけです。

これはすごいことではないですか。これは、別に、「マンガボックス」が仕込んでいるわけでもないらしいですし、規約違反ではないから削除していないと言っています。ＫＡＤＯＫＡＷＡ側も同様の見解のようです。これは、作家が主としてやっているのか、出版社が主としてやっているのか分からないですけど、とにかくルール違反ではないです。

図13　マンガボックスのシステム（2）

今、こういうことが出ていって、「マンガボックスで順位が高いから、この作品を売って」と言ってここの単行本が出されたのか、それとも、単行本を出すのが決まっているから、「じゃあ、「マンガボックス」に載せても大丈夫みたいだから載せてファンを作ろうか」みたいなことを考えたのか、どっちが先か分かりませんが、どっちもOKということです。

最後にもう一つお話しいたします。これは、うちの入居者がすでにやっているんですが、今、**図14**のようにツイッター上で漫画を描いて受けている人が多くいて、彼は、ツイッターに投稿した漫画がものすごくリツイートされて、それゆえに、ウェブサイトから仕事をもらって漫画を描いたりとか、そんなことをしているのがいます。アプリを経由してデビューする作家も増えると思いますが、今、こういうところが少し伸びているかなというところです。これは、また、今後、いろいろなかたちになっているかなと思います。

写真2は、藤子不二雄Ⓐ先生がうちに取材しに来てくれたんです。写っているのは、うちの入居者です。普段、こんな感じで仕事をしています。

以上が、電子書籍のデータと、それに伴って新人がどういうふうにデビューしているかということに関してのお話です。ありがとうございました。

写真2　Old & New Legends

図14　ツイッター漫画家

梶原――ありがとうございます。「漫画の世界」を紹介いただき、ありがとうございました。では、バトンタッチして、次に、佐渡島さんにお話しいただきます。

コルクの挑戦

梶原――佐渡島さん*は、講談社に入社されて、『モーニング』の編集部から、今、コルクというエージェント会社をつくられているということで、その辺のいろいろな経緯とかを含めて、お話いただければと思っています。

佐渡島――私は、2002年に講談社に入りました。『モーニング』編集部という所で、10年間、編集者をしていて、2012年にクリエーターのエージェント会社コルクという会社をつくりました。コルクをつくるというところも、かなりいろいろな理由が存在しましたが、今日は、新人漫画家というか、新人作家ということで、その切り口から話したいと思います。

まず、そもそも、私が講談社に入った理由というのは、やっぱり、講談社という会社が、出版業界の最大手で、自分が新人の漫画家だったら講談社に持ち込むだろうなと思ったからです。だったら「講談社に入りたいな」と思ったのが、一番のきっかけです。

会社に入って1年目と2年目に、新人賞とか持ち込みで、『宇宙兄弟』をやっている小山宙哉さんや、『GIANT KILLING』をやっているツジトモさん、『みかこさん』という作品を一緒にやった今日マチ子さんと出会いました。『宇宙兄弟』は今でも担当していますが、ツジトモさんや今日さんは、担当を替わってしまいました。そのあとずっと、新人賞

＊佐渡島庸平氏の略歴

2002年、講談社に入社。『バガボンド』(井上雄彦)、『ドラゴン桜』(三田紀房)、『働きマン』(安野モヨコ)、『宇宙兄弟』(小山宙哉)などの編集を担当する。

2012年に講談社を退社し、コルクを設立。漫画作品では『オチビサン』『鼻下長紳士回顧録』(安野モヨコ)、『宇宙兄弟』(小山宙哉)、『テンプリズム』(曽田正人)、『インベスターZ』(三田紀房)、『ダムの日』(羽賀翔一)、小説作品では『マチネの終わりに』(平野啓一郎)の編集に携わっている。

佐渡島庸平さん

など受賞した人の中で「いいなと思う新人」と出会うことがなかったんです。それで、6年ぐらい前から、もし自分がいまの時代に新人作家だったら出版社に原稿を持ち込むんだろうかと、すごく疑問に思うようになりました。編集部に持ち込むと、たまたまその時出てきた編集者によって運命を左右されるわけですよね。それに比べて、すでにネット上でしっかりファンが付いていて、「早く本を出してくれ」と声が集まっていたら、自然とそこで出版をしたいという人たちが出てくるだろうなと考えるようになってきました。

私は『モーニング』で漫画以外のこともいろいろ担当していました。伊坂幸太郎さんとか平野啓一郎さんの小説を『モーニング』に載せてみたり、『16歳の教科書』（7人の特別講義プロジェクト/モーニング編集部）とか、『病院がトヨタを超える日』（北原茂実著）というノンフィクションとか新書みたいなものを作ってみたり、『宇宙兄弟』のムックという形で、雑誌も7冊作ってみました。

それでムックをつくるときに、ツイッター上で、この雑誌に漫画とか小説を書けそうな人を探してみようと思ったんです。

例えば、ツイッターをしている作家に対しても「『宇宙兄弟』の担当編集ですが、小説を書きませんか」とツイッター上のオープンな場で話しかけるんです。それで、先方にもフォローしてもらったら、DM（ダイレクトメッセージ）で話をして、メールアドレスを交換してメールで話すようになる。

小説家だったら小説が書けるのが分かりますが、小説家以外でも、ツイッターで有名な人に声をかけて、「原稿を書きませんか」と。例えば、『宇宙兄弟』のムックだと、山中俊治さんという、もともとインダストリアルデザイナーの、プロダクトのプロトタイプを作る方に、

「雑誌連載物ですが、未来の宇宙船のプロトタイプを作りませんか」と言って、エッセーの連載をしてもらったんです。

他にも、ダ・ヴィンチ・恐山さんというツイッター上での有名人がいて、今だと7万人ぐらいフォロワーがいる人ですけど、その人が小説を書けそうだなと思って、頼んで書いてもらいました。『宇宙兄弟』のムックの中でも原稿をお願いしたら、締め切りを守って面白いものができたので、これはもしかしたらしっかりできるのではないかと思い、5年間近く、小説を書くように書くようにとずっと言い続けたら、やっと原稿を書き上げてきたのです。

それをリトル・モアに持っていったら出版をOKしてくれて、品田遊というペンネームで『止まりだしたら走らない』という新しい小説を出せました。リトル・モアが出す本に関しては、絶対に紙の本でしか楽しめないような、超凝ったデザインにしています。電子のほうは、もうさらっとやって、紙で読まないと楽しめない本、というのを作りました。挿絵を描いているエラー（@ｅｒｒｏｒ４０３）さんというのも、ツイッターの有名人で、25万人ぐらいフォロワーがいるのかな。エラーさんとダ・ヴィンチ恐山さんがツイッター上で絡んで仲良しだったので、そこで頼んだという、もう本当にツイッターだけで完結できたような作品です。この本は書店からの引き合いが結構強くて、発売前に重版がかかったり、サンプルを見た「文學界」からダ・ヴィンチ・恐山さんにエッセーの依頼が来たりとかっていうことが起きています。

結局のところ、私らがやっている商売って何なのかというと、本を出す商売なのか、それとも、才能がある人たちのマネジメント業なのか、ということによって、編集者が取る行動は、大きく変わってくるだろうなと思います。

タレントのマネジメント業だと認識をすると、例えばジャニーズ事務所がやっているやり方が参考になります。ジャニーズの新人アーティストは、CDを出す前からすでにファンクラブも作成して、武道館が満杯になっている状態でもCDをあえて出さず、飢餓感をたくさん作ってから、やっとメジャーデビューします。それがオリコンのヒットチャート上位にいきなり載っている状態で、広告を決めて、テレビ出演を決めて、メジャーの世界を一気に駆け上がらせるということをやっていて、ファンを貯めるというところですごく我慢します。

今の出版の場合はまったく逆です。本を売るというビジネスが主体で、才能を売るというビジネスではなくなっているので、本ができそうな人が居たら、どんどん本を出してしまう。

今までの出版社は、才能を本という形で支える存在だったとするならば、今の我々は、IT技術を使って作家の才能を支えるようにして、その作家の才能を支える収入の手段の一つとして、どこかのタイミングで本があればいい、という考え方でやっています。

今日、会場の皆さんに配らせてもらっている単行本『ケシゴムライフ』の作家の羽賀翔一さんとは、5、6年前の『モーニング』の新人賞で出会えたんです。

今は新人の認知度を上げるフェーズであるという考え方なので、こういうふうに単行本を配ってしまっても、私としては、最終的には回収できる投資なのではないかと思っています。うちの場合は、初期の新人のときは、こういうふうに本を配ってしまう。うちが出版して、徳間書店さんで書店流通してもらい、返品されてきたものは断裁しないで全部引き取ってこういった機会に配るという考え方でやるんです。

うちがそういうふうにして、フェイスブックの秘密のグループを作ったりとか、アプリを作ったりとかして、少ないファンですが、数十人レベルのところから、名前を憶えてファンの管理をしていくわけです。
ファンの管理をしていって、大体1万人近くの人が確実にいるというふうになった時点で、出版社に、「うちの作家を世の中に出していくときに、本の部分をお願いできますか。うちは本以外のところをやります」という組み方などしています。今はそういう方法で新人を育成していこうとしています。
このコルクという会社では、ほかにも、海外展開などいろいろと目指していることはありますが、新人育成という点にフォーカスして、コルクが目指していることを説明すると、今みたいな感じです。

梶原――佐渡島さん、ありがとうございます。それでは、お二方に少しずつ質問をしながら、もう少し議論を進めていきたいと思います。

パネルディスカッション

梶原――近年、出版社のほうでは、長期的に新人を育てる余裕がなくなってきており、どうしても、すぐ目の前の売り上げを立てられそうな作家、企画を中心に出していくことが増えていると思います。佐渡島さんの会社では、一般的には何年くらいかけて新人作家を育成し、どのくらいの期間で投資を回収しようと思っているのですか。

佐渡島――まず、漫画家を目指そうと思っている人間が、ヒットにめぐまれない状態のなか

＊梶原治樹氏の略歴
1974年生まれ。1997年株式会社扶桑社に入社。宣伝部、SPA！編集部、デジタル事業部等を経て、2011年より販売部担当部長。NPO法人本の学校理事を務めるほか、日本雑誌協会、日本出版学会等でも活動。

梶原治樹さん

で、気持ちが揺らがずに3年間努力し続けるってことって、なかなかないです。新人って、3年間ぐらい努力していると、やっと何らかの芽が出てきてはじめて。5年目ぐらいになると、やっと、ヒットが出たりして、漫画家として食っていけるなっていう兆しが出てくるという感じです。

会社組織のなかにいると、人事異動などが3年とか5年というスパンで回っていくので、1人の人間に期待したとしても、大体2年とか3年で、結果を出さないといけない。『宇宙兄弟』の小山さんにしても、5年我慢して、やっとヒットが出るんです。これは、もし3年で結果を出せないでいたら、小山さんと私は、一緒に仕事できなかったんです。

これはある経営者と話したときに言われたんですが、「新入社員を入れたときに、大人だけど大人と思っちゃ駄目だ」と言われました。基本的に、何かそういう新しいことを始めたときには、「全部、赤ん坊と一緒だと思え。新卒の1年目は0歳児、2年目は」と考えると、5歳児ぐらいになると、幼稚園に行って大人と会話ができるようになる。漫画家っていうのも、5年間努力して、やっと世間に対して幼稚園生みたいな会話ができる状況だったりするのかなと思って、そういうスパンで見ていたんです。

ちょっと補足っぽい考え方ですが、出版社の理論というか考え方がどうなっているのかと言うと、先ほどの、例えば、漫画産業を菊池さんが説明するときに、単行本と雑誌と分けるわけです。雑誌というのは、やっぱり、編集者が主役で、自分たちが作っているものというふうになってくるんです。

だから、出版社の長期的なスパンというのは、この雑誌をどういうふうにして生き永らえさせるかというか、雑誌というプラットフォームがどうあるべきかを考えていくんです。あと、書店流通というプラットフォームをどうするかということに対して、長期的な視野で戦略が練られているんですが、一人の才能を伸ばす、という視点で考えると、雑誌や書店流通のプラットフォームの活性化を前提にしてしまうと、短期的な視野になっていくのではないかなと思います。

梶原——なるほど、ありがとうございます。菊池さんは、特にトキワ荘プロジェクトに関わって、実際に漫画家としてデビューした人もたくさん見ていらっしゃいますが、そういった最近の漫画を志す方々に出版社でデビューしたい思いの強さとか、漫画で飯を食っていきたいという覚悟とか、そういった点で何か変化を感じますでしょうか。

菊池——私がトキワ荘プロジェクトに本格的に関わったのは5年間なので、5年前と今とで、漫画家を目指している子たちに一番違うのは、インターネットに触れたかどうかですね。だから、現在なら当然に持っている情報を以前の志望者は持ってなかったっていう、そこの意識の違いは感じます。

大きく違ってきたのは、やっぱり、先が見えてきているというか、今、紙の漫画家を目指している子たちって、「このままでいいんだろうか」とすごく思いながらやっているところがありますよね。5年ぐらい前まで、特にうちであったのは、クラスで一番絵がうまいから、みんなに、「漫画家になったら」ってそのかされて、そのまま大人になって出てきているみたいな人がすごく多かったんです。最近は、「漫画家のなり方」って検索すると、これだけの情報が広がっているじゃないですか。それを見られるようになったぶん、逆に何か迷い迷い来ているところは、多分にあるかなと思うんです。

梶原――確かに、『少年ジャンプ』自身が『バクマン。』で漫画家がデビューする仕組みみたいなことすら作品にしていて、漫画作りの手法や舞台裏も含めてかなり公開されてきている時代ですし、一方で出版業界も含めて漫画家として食べていくことは非常に厳しいという状況も知っていて、それでもまだデビューしようという方々は結構いると思うんです。そういう方々は、先ほど、菊池さんが紹介されたようなコミックアプリ系を舞台に選ぼうとしているのかなと思いますが、やはりそういう人たちは増えているのでしょうか。

菊池――悪いパターンの話からすると、大抵みんな、世代的に漫画雑誌が好きで、『少年ジャンプ』が好きとか、『モーニング』が好きとかって流れで、漫画家になりたいと思い、そういう雑誌編集部に取りあえず行く、という感じです。

さっきちょっと言ったんですけど、「ｃｏｍｉｃｏ」とかで評価される人って、漫画家ではないんです。イラストレーターの人とか、漫画家でも挫折組というか、もうデビューは無理だなと思われているような人が、ピクシブ*とかに絵を描いて人気が出てスカウトされ、本を書いてヒットしたりする。そういう傾向はある気がします。

梶原――今、ピクシブの話が出ましたが、デビュー前の作家であっても、そういった仕組みのなかで自分で描きたい絵を描くと、そこですでに多数のユーザーに見られて評価されていくというのが、今の新しい状況だと思うんです。ここで佐渡島さんに聞きたいんですが、多

＊ピクシブ（ｐｉｘｉｖ）
ピクシブ㈱が２００７年より運営する、イラストの投稿・閲覧ができるコミュニケーションサービスの最大手。プロのイラストレーター・アニメーターもしばしば出没。また、新たな描き手の発掘や作品のプロモーション先として多くのクリエイター、編集者が利用している。

数の人の目によってそういうふうに評価されランク付けされる世界と、編集者が一人の才能を認めて育成していく世界というのは、ちょっと違うもののような気もしますがどうでしょうか。

佐渡島――それは組み合わせ次第だと思います。基本的に、お客さんというのは、今あることの延長を見たいんですよね。世の中に全くない、新しいものを見たいわけではなくて、自分の知っているものがいいと思うので。

私の会社がすごく苦心しているところはそこでして、漫画家というのはどんどん成長していきたいと思うものなので、才能があったら今までとはまったく違うものをやりたいって思うんです。例えば、私が、今、一生懸命やっている『テンプリズム』という、曽田正人さんのファンタジーがあるんです。曽田さんは、20年近くずっとリアルな世界のものをやってきていたんですが、『テンプリズム』に対して、既存のファンからの反発が強かったんです。「『capeta』の続編をやってくれ」という声が来ることは、作家にとっては結構つらいことです。

今の発表の仕組みは、どうしてもそういうふうになってしまう。私は、そこを変えていきたいと思っています。ファンによるランキングというかコメントによってすごく左右される世界だと、なかなか新しいのが出ないし、何かが流行っていると、全部似たような漫画ばかりになってしまう。雑誌だとバランスよくいろんな作品がまざって入りますが、例えばすべてファンの声でジャンルを決めると、すべてが妹との関係を描いている恋愛物になったり、異世界に行くファンタジー物になったりする可能性があるなとは思うんです。

ただ、そこに新人の時点で私らみたいなエージェントとかが付いて、「あなたの才能はこういう方向でいけるよ。青年層をこういうふうに使うと、全然、世間になびかなくてもそのうちお客が来るよ」っていう会話を、どういうふうにしていくのかということが重要なのかなと思います。

菊池――佐渡島さん、今までのお話を伺っていてわかったのですが、コルクが才能を育てるにあたって、新人作家を支えている原資というのは、コルクの中で稼げている安野モヨコさんとか、三田紀房さんとかがいて、その人たちで得た利益を新人に再投資していくということですよね。

佐渡島――もちろん、そうなります。会社というのは、出た利益は新規事業に投資するというだけのもので、別の尺度で新しい人を食わせていくというわけではなくて、そこのお金は、別にそういうふうな使い道にはならないかなと思います。

私が『モーニング』にいたときに非常に課題に感じていたのは、人が成長していくためには成功体験を小さく積み重ねていかないといけないんですが、いきなり雑誌に掲載するというのはハードルが高すぎるんですよ。新人賞でちょっといいなと思う人を見つけたとして、いきなり「モーニングに描け」といっても、どれだけうまくアドバイスしても描けないわけです。だから、やっぱり、ちょっとずつステップ・バイ・ステップをやっていったほうがいいですね。いきなり20ページや40ページの面白いものを描くのは、すごく難しいんですよ。

例えば、先ほどから挙げている羽賀翔一さんにしても、私は、彼に才能を感じているけれども、いきなり第一線でトップを走るような才能だとは思ってないわけです。ウサイン・ボルトだって赤ん坊のときは速く走れないんですから。

彼には最初は人間観察をして、キャラクターをつかむところから学べと言って、まずは、『今日のコルク』というのを描いてもらっていたんです。コルクの社員を観察して、それを面白い1ページの漫画にしてもらい、それに対して原稿料を払っていたんです。それがある程度できるようになったところで、今、彼は、自分の作品をやりながら、自分のサイトで、「自由帳」という所に毎日好き勝手な1ページ漫画を載せているんです。

実は、「毎日、好き勝手な1ページ漫画を描け」って新人に言っても、それすら描けなかったりします。面白いものにならない。まず人間観察をして、エッセー漫画っぽいのを描くところから始まって、それをやりつつ、今、「PRESIDENT NEXT」という媒体で16ページの月イチ連載をしています。そうやって3、4年経たところで本当にヒットさせられる漫画っていうのが始まるんだと思います。

それともう一つ。小山宙哉さんのサイトを、今、うちが運営していて、結構なページビューを稼ぎ出しているんです。そこで、小山宙哉さんのアシスタントに、同じように「小山さんの事務所の様子を1ページ漫画で描いてごらん」と言って、先月からその連載を始めています。

こんな感じで、新人のステップごとに合った発表の仕方というのが、ネット上だとうまく作れるのではないかと思っています。このやり方なら、デビューできる人の数は増やせるのではないかと思っています。

菊池――実は私自身が悩んでいることがあるのですが、ネット発信で今ウケている子たちの作品というのが、単発ものばかりじゃないですか。でも、今までの漫画業界を考えると、大ヒットというのは、長編の創作ものですよね。それは、雑誌なり何なりのプラットフォームにずっと連載されていて、それがどんどん面白くなっていって、周辺に広がっていくというものだと思うんです。だけど、うちの周囲でも、ツイッターで話題になるような漫画を描く人でも、長くても４コマ、場合によっては１コマぐらいの短いものでしか面白いものが作れないみたいなジレンマを抱える人たちがいて、その子たちは、実は、そういうことをやりながら、少しずつ収入は得るようになっていますが、それでも漫画一本で食べていけるというほどではないので、普通の漫画雑誌に原稿を持ち込むと。そうすると、編集から「ストーリー漫画が面白くない」って突っ返されているんですよ。こういうのがどうにかならないものかと悩んでいます。

佐渡島――そもそもインターネットの時代というのがまだ黎明期なので、それも変わっていくかもしれませんね。まずは、これは文明の進化の仕方の問題ですけど、基本的には、人間の作るものは「時間消費型」と「時間節約型」というふうに、分けることができるんです。例えば家電を例にとると、パナソニックとナショナルって、昔分かれていましたが、特にナショナルって白物家電で有名なブランドで、冷蔵庫とか洗濯機とか、時間節約型の商品を作っていました。いっぽう、ソニーが作っていたウォークマンは、時間消費型の商品で、無駄な時間を過ごさせるものです。時間節約のものっていうのはブランドになりにくくて、時間消費のものっていうのはブランドになりやすいんですよ。だから、パナソニックよりもソニーのほうが、ブランドとして、今、業績が悪くても、まだなぜか強い雰囲気で居られるんですね。

コンテンツというのは、やはり時間消費です。それで、グルメ情報とか芸能情報とか性情報みたいなものがコンテンツとして強いんだけども、そういったジャンルでなかなかブランドを取れないのは、直接的に欲望に訴えかけているからで、本来的な時間消費ではないんですよね。むしろ時間節約に近い。

先ほど言った『テンプリズム』というファンタジーって、読む理由なんてどこにもないので、むちゃくちゃ時間消費のものです。逆に、これにハマらせることができると、すごくロイヤルティーの高いブランドになり得ます。出版業界とかテレビ業界が産業規模が小さい割に世間で価値を持っているのは、時間消費ビジネスだからです。

インターネットが現れて、スマートフォンのアプリが増えてきている中でも、いまは、人の生活を便利にするもの、どちらかというと時間節約的なものが、どんどん成功しているんです。時間節約的なところってお金の回収見通しが立ちやすいから、そこに対して投資が付くようになり、そういう仕組みがどんどんできるようになる。

今のところあるゲームというものも、例えばゲーム会社の成功した人たち、『パズドラ』の人たちに聞くと、「どういうふうにして30秒だけゲームをやらせるか」みたいなかたちで、細切れ時間を集めているわけです。スマホっていうのは、どんどん時間が短くなっていって、「基本90秒ですよ」みたいなかたちになっている。今まである、例えば映画だと90分とか、本だとVineだったら6秒だし、ユーチューブだと「5分ぐらいしか見られません」とか、「基と3日間かけて読むみたいなものが全部、これから90秒とかのコンテンツ以外が消費されない、シェアされないというふうになってきているんです。

インターネット上では、３時間使うようなコンテンツをデリバリーしていく仕組みを、実はまだ誰も開発できてないんです。今後は、それを開発した人と、そこに当てはまってくるクリエイターというのが、時間消費の分野において、インターネット上での本当の覇者になるんじゃないかと思います。

ディズニーランドというのは、むちゃくちゃ時間消費させるわけじゃないですか。ディズニーランドの中で、ジェットコースターで90分待ったって、みんな、いらいらしながらも楽しむわけです。これは最高の時間消費です。乗っていられる5分間ではなくて、待っている90分も時間消費としてＯＫとさせていて、「これぐらい1日で使ったから、最後、お土産買って帰るぞ」という、最高の時間消費ビジネスというのをディズニーランドはつくり上げている。おそらく、これはネット空間でもつくれるはずです。

そのネット空間でつくるための設計思想を誰が持つのか。そして、そのためにエンジニアを抱えるのは誰なのか。今あるネット系の企業、ゲーム系の企業というのは、そこの設計思想がなくて、でも、人間って短時間だけで満足するのかっていうと、絶対しません。これは揺り戻しが絶対来るから、うちはそのために、今エンジニアを雇ったりとか、そういう開発をする準備をしているんです。

それが5年後ぐらいに来る。5年後ぐらいになると、やっぱり、インターネットの通信速度も圧倒的に速くなるので、やることに向けていって、10年後ぐらいから、そういうコンテンツの楽しみ方が広がってくるのではないかという時間予想のもとで、いろいろ行動しています。

梶原——なるほど。非常にいろいろな話を聞かせていただき、ありがとうございます。時間が残り少なくなってきましたので、会場からの質問を受け付けたいと思います。何か質問のある方はいますか。

会場質問

会場発言A——もしかしたらこれは守秘義務で答えられないかもしれませんが、この羽賀翔一さんの本ですが、徳間書店との取り組みの仕組みなどお聞かせください。

佐渡島——徳間さんに流通手数料と、倉庫に置いているときは倉庫代を、うちが徳間さんにお支払いしているという立場です。今回の本は、ファンの皆さんでリスクを分担するという新しい仕組みの上に成り立っています。

インターネットの登場によって何が変わったのかというと、リスクを極端に個人に分散できるようになりました。例えば、今回「オリンピックなので国立競技場を造りましょう」みたいなところのリスクって、個人に「負担してください」って言っても、やりたいと思う人がなかなかいない。だから税金で負担することに批判する人たちも出てくる。

でも、コンテンツの場合は、その制作費のリスクをファンが「分担したいです」っていうことが起きやすいビジネスなので、出版産業というものをファンがリスクを背負うかたちへとスライドさせていったほうが、ファンにとっても、著者にとっても、ハッピーになるのではないかというのが、私が立てている仮説です。この考え方は、クラウドファンディングとかなり似ているんですが、これは投資商品にしているので、1万円払ってもらった人に、本ではなくてお金で返すんです。これは大体2年間で償却ですけど、定期預金をやるよりはいい額を返すことができるかなというビジネス的な見通しはあると思います。

会場発言B——もともと漫画業界にいて、今はジャーナリストの仕事をしています。1990年代ぐらいに漫画家のアシスタントとかをしていたころはインターネットがない時代なので、何でも自分の足で稼いでネタを作って漫画にしていくのが当たり前でした。それがインターネットが普及してきて、何でも情報がすぐ手に入るし、知らないことも知ったような感じで、何でも原稿にしてしまえる時代なのか、今、漫画家を目指したいと思う子の中には、ネタがなかなか作れなかったり、ラフが作れなかったりっていうことがよくあると周りの人たちにもよく聞きます。20年前に漫画家を目指していた子たちと、今、それを目指し始めている人たちの、ハングリーさは全然違うと思うんですが、もし、お二人に何か相違点みたいなのがあったら教えてほしいです。また、今の漫画家を目指している人たちは、自分たちがそのことに危機感を持っているのか持っていないのか、というのも聞きたいと思います。

菊池——ハングリーさはないだろうなと思います。時代の趨勢の気はするんですよね。例えば、今、漫画を専門に教えている専門学校とか大学は122校あります。多分、そこの現役学生を全部合わせると5000人を超えます。5000人を超えた人が、漫画だけを勉強しているわけです。すごいことです。

ただ、翻ってみると、そこに行っている5000人が全員、漫画家を目指しているわけではなくて、高校時代のときに、「何か好きなの？」って聞かれたときに、「漫画」って答えただけで、それは別に、読むのが好きなのかもしれないし、ほかのことが好きなのかもしれないし、それでいて漫画を勉強している。そこから何か成り行きでプロを目指していく人もいるとは思います。そういう意味では、デビューしている人の中に、昔だったら、こんな人は居なかったんじゃないか、と思うような人がいるところも事実です。ハングリーさが足りないとか、そういう状況は漫画に限らずすべての仕事で言える状況ではないかと。ただ、もちろんその中にも「本当に自分には漫画しかないんです」とガツガツしている人もやっぱり一部にはいますし、そういう人の存在率は実は同じなんではないかとも思います。

梶原――佐渡島さん、いかがですか。

佐渡島――先ほどの菊池さんのデータでも、漫画家の数は増えているという問題がありましたけれども、ストーリーをゼロから作れる人は、相当に少ない。やっぱり、文化がある程度発達している国にしかいなくて、アメリカのハリウッドでも少ないし、中国や台湾、韓国でもほんの少ししかいない。そもそも、ストーリーをゼロからで作れる人間というのは、ほとんど居なくて、「1・100」で演出する人間は居ても、「0・1」で作れるっていうのは、すごい価値なんです。

そのすごい価値というのは、やはり、世界中で活躍できる可能性は十分にあって、今、コルクで契約させてもらっている作家の人たちは、やっぱり、全員、「0・1」で作れる人たちなので、私らがしっかりとしたビジネスのモデルを作ると、世界中でそのストーリーが買

第１分科会会場風景

われていくだろうと思っています。だから、今の時代がどうかとかではなくて、もう世界的にストーリーが作れる人間というのは、人口の割合としてすごく少ないものだという認識は持っています。だからこそ、エージェント業というのが成り立つし、うちの会社でエージェントを作ることが決めているのは、「0・1」の物語を作れる人っていう感じです。

梶原——ありがとうございます。そろそろ終わりの時間に近づいていますので、最後に一言ずつ頂きたいと思います。今日の会場は、特に出版関係に関わっている人たちが数多く集まっています。今後、本作りの仕事に関わっていくにあたって、編集者やプロデューサーという立場では、今後どういったスキルや心構えが必要かを聞かせていただいて、この会を閉めたいと思います。では、佐渡島さんから。

佐渡島——私は、SNSの運用能力だと思っています。実は、SNSの運用能力は、本を作る、編集する行為とほとんど一緒で、本を作るっていうことは、顔が見えない人に向かって、「この人たち、これに共感持つよね」っていうものを作るわけですよね。SNSの場合は、一応、自分をフォローしてくれていたりする、何となく読者よりは顔が見えている人たちに向かって、「こういうふうにしゃべって、こういうふうにすると興味持つよね」っていうコミュニケーションなので、地続きの行為だと思うんです。その地続きだってことを分かって運用できるかどうかっていうのが、重要になってくるかなと思っています。

梶原——ありがとうございます。では、菊池さん、お願いします。

菊池——同じようなことでしょうけど、ここにきてあらためてプロデューサーがすごく大事だと思っています。今まで出版社という大きな会社の中にはいろんな専門職の人がいて、その人たちと漫画家が一緒に食べていくっていう状況だったんですけど、今後は出版社の仕組みを経由せずに著名になっていく漫画家みたいなのが、これから出てくると思います。そうすると、そのときに、漫画家が全てやるのかというとそれは無理な話なので、そこまでをプロデュースしていくことが今から必要ではないかと個人的にも思っていて、もうすでに、仲間のプロデューサーを集めて話をしています。プロモーションとかお金集めとか、色々な面でそれらをどういう風にやっていくのかをこれから考えるのが重要なんだと思います。

梶原——ありがとうございました。それでは、時間になりましたので、まだまだ話し足りないことがたくさんあると思いますが、いったんこちらのほうで分科会を終わりにさせていただきます。改めまして、菊池さん、佐渡島さん、どうもありがとうございました。（拍手）

第2分科会

リニューアルは書店に新たな命を吹き込むか？

市場の変化によって書店経営が厳しくなる中、「移転」「増床」「スクラップアンドビルド」など立地や規模を変えることで存続を図る事例は少なくない。その一方、既存の立地・規模を大きく変えず、〝新しい書店〟に変化する「リニューアル」を選択する書店も存在する。「その街で書店を営み続けるための選択肢」としてのリニューアルの可能性を、実際にリニューアルを実行した書店経営者によるディスカッションを通じて考える。

コーディネーター：和氣正幸（ＢＯＯＫＳＨＯＰ ＬＯＶＥＲ）
パネリスト：長崎健一（長崎書店）
山崎幸治（一進堂・ＣＨＩＥＮＯＷＡ ＢＯＯＫ ＳＴＯＲＥ）
塩澤広一（一進堂・ＣＨＩＥＮＯＷＡ ＢＯＯＫ ＳＴＯＲＥ）

和氣――本屋を応援する活動「ＢＯＯＫＳＨＯＰ ＬＯＶＥＲ」の主宰をしております、和氣と申します。普段は全くの異業種でサラリーマンをしていますが、一方で「本屋をもっと楽しむポータルサイト ＢＯＯＫＳＨＯＰ ＬＯＶＥＲ」を運営したり、「マガジン航」などのメディアに寄稿したり、このようなイベントに立ったりしています（２０１６年６月現在フリーランス)。

今日のテーマは「リニューアルは書店に新たな命を吹き込むか?」として、二つの書店の方々をお呼びしました。まずは熊本の長崎書店を経営する長﨑健一さん。そして、埼玉県朝霞市のCHIENOWA BOOK STOREを運営する、有限会社一進堂社長の山崎幸治さんと、店長の塩澤広一さんです。

一般的に書店のリニューアルというと、立地を変えたり、カフェをプラスしたりといった展開が多い中で、この2つのお店はそういった大きな変更をせず、それでも本の売り上げがアップしたそうです。今までになかったような、違ったアプローチではないかと思い、今回お呼びしました。まずは、それぞれ自己紹介とリニューアルの経緯について、簡単にお話をしていただきたいと思います。まずは長﨑さん、お願いします。

長﨑——長崎書店の長﨑健一*です。私は、熊本県熊本市で書店を2店舗経営しています。会社は、株式会社長崎書店といい、創業は明治22年と古く、今年で126年目を迎えます。また、親戚が経営していた長崎次郎書店という店があり、2013年に休業をしてしまったのですが、その親族から、「続けられないか?」という相談を受けました。昨年、長崎次郎書店ののれんも引き継いで、現在は長崎書店と長崎次郎書店の2店舗を運営しています。

長崎書店は、熊本市の上通商店街という、中心市街地のアーケード街に位置しています。人通りの多い通りですが、近年、熊本でも大型書店の出店が相次いでいます。十数年前に経営的にかなり厳しい状態に追い込まれ、リニューアルを決意して、それからもう10年ほどになります。ギャラリーを使ったさまざまな展覧会など、本と親和性の高い、文化性のあるイ

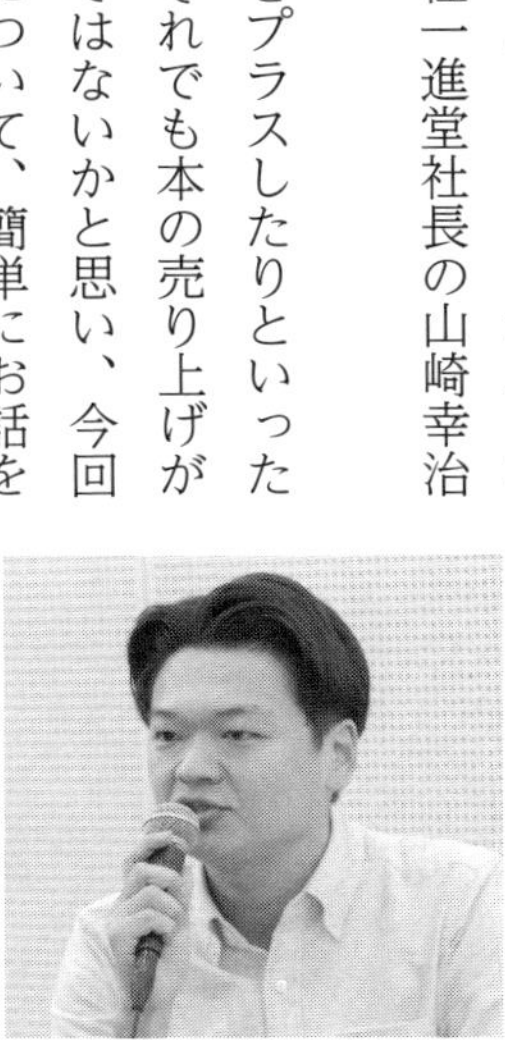
長﨑健一さん

＊長﨑健一氏の略歴
1978年熊本市生まれ。JPIC読書アドバイザー。2001年、株式会社長崎書店入社。2006年に長崎書店の大幅リニューアルを手掛け、独自性のある選書やギャラリーとホールでの様々な企画に取り組む。2009年、4代目社長に就任。2014年7月末には、親戚が経営していた明治7年創業の長崎次郎書店の屋号を引き継ぎ、7代目店主を務める。

ベント企画なども積極的に行っています。

和氣――それでは、CHIENOWA BOOK STOREの山崎さん、お願いします。

山崎――埼玉県朝霞市にあるCHIENOWA BOOK STOREという書店を運営している有限会社一進堂の山崎幸治*です。私どもは、長崎書店の歴史に比べて半分ぐらいで68年目を迎える企業です。私の祖父が戦争から帰ってきて、あちらこちらの店からリヤカーで本を仕入れて売ったのが始まりと言われています。その中で、よくある流れかもしれませんが、書店事業だけでなく、文房具や事務用品、オフィス機器などのオフィス事業に特化した事業部もあります。大きく分けると現在は、書店部とオフィスソリューション事業部の2部門で企業を運営しています。

　リニューアルのきっかけですが、ご多分に漏れず、書店業界の低迷に加えて、バブルの崩壊やリーマンショックの影響を受けました。かつては近隣地域に複数店舗の書店を展開していましたが、徐々に減らし、最後は朝霞駅構内に雑誌を中心に売る18坪の店が残っていたのですが、今から7年前、家主である東武鉄道から「駅をリニューアルするので、テナントさんは一回閉店してください」という話がありました。

　そのときはまだ父が社長でしたが、私たちも、これから書店業界はどうなっていくのかが本当に不安でした。何をやってもうまくいかないときだったので、このタイミングで「辞めるか・続けるか」を父と相談しながら真剣に悩みましたが、私は、幸いまだ若いというところでやらせてもらいたいと望みました。ただ、やるなら、これから残れるかたちの書店を営

山崎幸治さん

＊山崎幸治氏の略歴
1974年埼玉県生まれ。國學院大學経済学部卒。1997年株式会社リコー入社を経て、2001年4月家業である有限会社一進堂入社。2008年代表取締役に就任。2010年4月に新コンセプト店「CHIENOWA BOOK STORE」をオープン。書籍業企画と同時に、内装工事、オフィス機器、事務機器の販売、HP制作など法人に特化した業務を手掛ける。

みたいということを念頭に置いて、企画して立ち上げたのが、現在のCHIENOWA BOOK STOREです。今まで普通の本屋だったものから、一つ、二つと違った試みをして、これから残れる本屋のかたちを模索している最中です。よろしくお願いします。

和氣――続けて、店長の塩澤さん、よろしくお願いします。

塩澤――CHIENOWA BOOK STOREの店長の塩澤広一*です。私は、2010年の立ち上げ時から店長を務めています。店長をやる以前は、アパレル業界で企画や営業の仕事をしていて、全く違う業界で働いていました。もともと本が好きというのもありましたが、ご縁があって店長をやらせてもらっています。普通の書店とは少し違ったアプローチで店づくりをやっている部分もあるのかなと思うので、5年間、試行錯誤をしながらやってきた部分で、何か少しでもヒントになる話があればうれしいです。

和氣――それでは順番に話をお聞きしていきたいと思います。まずリニューアルのきっかけと想いについてですが、CHIENOWA BOOK STOREさんは、駅ビルのリニューアルがきっかけでしたが、長崎書店さんの場合はどういったきっかけがあったのでしょうか？　また、CHIENOWA BOOK STOREは「これからも生き残っていく書店のかたちを模索してリニューアルした」とのことでしたが、長崎書店さんがリニューアルの際に考えたことはどういったことでしょうか？

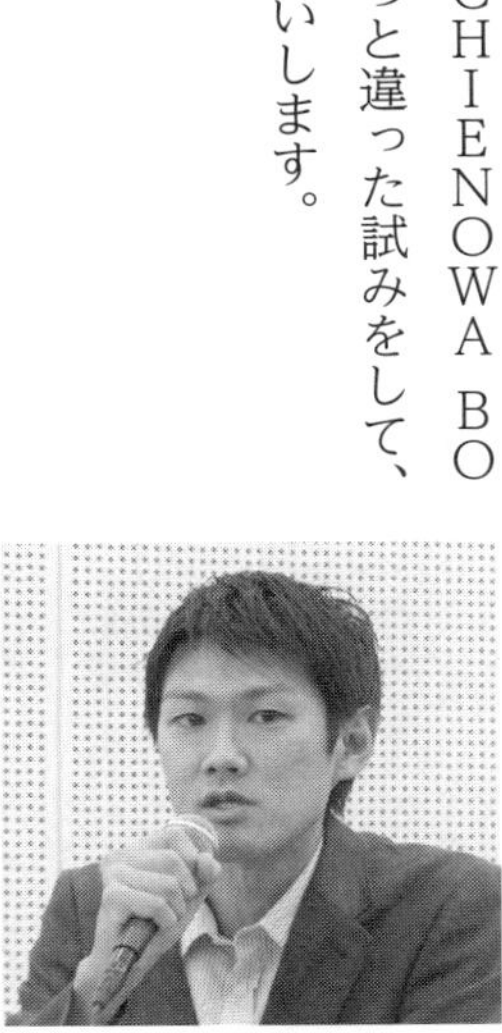
塩澤広一さん

＊塩澤広一氏の略歴
1978年東京生まれ。明治大学商学部卒。アパレルの企画、営業を経て、2010年有限会社一進堂入社。CHIENOWA BOOK STORE立ち上げ時より店長を務める。店舗を視覚的に分析し売上アップに繋げるVMDインストラクターとして、書籍だけでなく書店に適した文具雑貨のセレクト、売り場作りまで一貫して手がけている。

リニューアル戦略と理想の書店づくりを目指して

長崎——写真1の長崎書店をリニューアルしたのは10年前になります。リニューアルの一つの理由としては、切実な危機感です。このままだと続けていけない。百十数年続けてきた家業が続けられなくなるかもしれないという切実な危機感でした。私は15年前、東京の大学に通っていましたが、商環境の変化が非常に激しく、その時期に競合店が近隣にどんどん出店し、アマゾンも台頭してきたころでもあり、売り上げが右肩下がりの状態でした。本当に切実な話ですが、取次会社への仕入代金や銀行への返済資金も事欠くような状況で、大学にいる場合ではないということで、三年次に中退をし、立て直しのために戻りました。

何とか続けていける方法はないかと模索していく中で、大学に通っていたとき、大学の目の前に青山ブックセンターという本屋が一つのヒントになりました。ファッションやデザイン、建築などの非常に研ぎ澄まされた品ぞろえで人気を集めていました。私もファッションに大変興味があったので、毎日のように通い、「こんな本屋が熊本にできたらいいな」という具体的な憧れ、イメージを抱きました。

先ほど述べた危機感と、こんな方向に進んだら長崎書店をもう一度蘇らせることができるのではないかというかすかな希望の二つが原動力となって、リニューアルに進むことができたんだと思います。

もう一つ熊本に戻ってからは、福岡にあるブックスキューブリックという、わ

写真1　長崎書店

ずか13坪ながらも、素晴らしい商品セレクトと雰囲気づくりで、圧倒的なファンを獲得している書店があり、毎月のようにそこに通いました。

「今、うちはこういう状況で、ブックスキューブリックさんみたいなすてきな雰囲気とセレクトの店に舵を切りたい。しかし、店づくりをどうしたらいいか分からない」と社長の大井実さんにお話したところ、大井さんから「相談に乗るよ」と言っていただきました。大井さんの奥様がインテリアデザイナーでブックスキューブリックの内装などを手掛けていたということもあり、長崎書店のリニューアルでも大井さんの奥様にデザインに携わっていただきました。また、本のセレクトや企画に関しては、大井さんからいろいろ学ばせてもらいました。

一方、長崎次郎書店は明治7年創業で、かなり古いものです。建物が大正時代の建築で、国の登録有形文化財に指定されているものなので、その良さを生かしつつ、去年、内装を大幅に変え、改装リニューアルオープンをしたところです。**写真2**が長崎次郎書店です。

和氣――長崎書店の場合はお手本となる本屋が具体的にあったということですが、CHIENOWA BOOK STOREさんでは、リニューアルする際に、こういった本屋にしたいという目標や参考にしたお店はありましたか。

山崎――私も書店業界が低迷していることを危惧していましたが、意図しないタイミングで再チャレンジを半ば強制的にすることになりました。リニューアル前

写真２　国の登録有形文化財に指定されている長崎次郎書店

は18坪しかなかった駅ナカの立地だったのですが、「再出店するならここしかありません」と東武鉄道に言われたのが70坪の場所で、それをどういうふうに展開したらいいだろうと日々頭を悩ませていました。

そうやって日々悩んでいたあるとき、朝方ふと目が覚めて、頭にいろいろ浮かんだものがありました。それが「CHIENOWA BOOK STORE」という名前や店づくりの内容に関するアイデアで、その一気に浮かんだアイデアを取りまとめてリニューアルを進めました。**写真3**がリニューアル前の一進堂の店頭写真で、**写真4**がリニューアル後の店頭写真です。

いずれにしても、今までの本屋のかたちでは駄目だということが大前提にありました。店づくりのかたち、スタッフの対応、デザインなど、私が書店業に携わっていたときは、画一化・パッケージ化されたものが割と多かったように見受けられたので、まずそういったものから脱却して、店に来てもらえること自体がステータスに感じられることを念頭に置いて店づくりを始めました。

和氣――リニューアル前後の写真を見比べると、見事にお店の雰囲気が変わっているのがわかりますね。リニューアルする前と後で、来店されるお客様やそこで働くスタッフも、変わってくるのではないかなと思いますが、長崎書店さんはいかがでしょうか。

長崎――客層は確実に変化があります。リニューアル前は中高生や年配のお客様

写真4　CHIENOWA BOOK STORE

写真3　リニューアル前の一進堂書店

が比較的多く、幅広いお客様に来店してもらいました。男女比は、男性がやや多いかなといったところでした。リニューアルしたあとははっきり女性のお客様が増えて、女性客が60％強です。年代としては20代から40代ぐらいの方が中心で、着ているものなどを見ても、割とおしゃれに興味がある方とか、生活感を大切にしている方が増えたという印象はあります。

和氣――内装をおしゃれにしたことで女性客が増えたんですね。また、「棚の雰囲気」も変わりましたね。

長崎――内装もそうですし、音楽なども、有線放送と契約をしてジャズやボサノバといったジャンルのBGMを流しています。女性の方や大人の方が居心地よく本を選べる書店でありたいと、「居心地の良さ」が一つのキーワードだったので、そういったイメージを受け取ってもらっていると思います。長崎次郎書店も同様で、店全体が**写真5**のように狙っていたことができていると思います。

和氣――スタッフに関してはどうですか。

長崎――10年前に店舗にいたスタッフとは8割ぐらい入れ替わっています。店の見た目をどんなに変えても、人の知識やスキルやセンスがそう簡単に変わるわけではないので、「長崎書店はこういう方向でやっていくんだ」ということをリ

写真5　おしゃれなモードで女性客が広がる長崎次郎書店

ニューアルで示して、スタッフと共有して、知識やセンスを身につけるように努力を促しました。それがどうしても合わないスタッフは、別の道を選ぶことになったと思います。今は、その辺りの価値観を共有できるスタッフがほとんどになっていると思います。**写真6**はそんな価値観が共有されてからできたから生まれた店づくりです。

和氣——リニューアル前のころは、そういった価値観の共有みたいなことはしていましたか。

長崎——いや、できていませんでした。社員互訓などは額に入れてあり、みんなで朝礼の際に唱和をしていましたが、それが、日頃の仕事の中で具体的にこういう使命感があるからこういう行動をする、という風には結び付いていなかったような印象が強いですし、実際にそうだったと思います。

和氣——CHIENOWA BOOK STOREでは、リニューアル前後でお客様がどのように変わったのかについてお聞かせください。

山崎——**写真7**はCHIENOWA BOOK STOREのコンセプトなのですが、長崎書店さんとほぼ同じなのではないかと思います。それまではやはり駅ナカにあるということで効率性を求めて、ほぼ8~9割が雑誌とコミックを中心に

写真6　長崎次郎書店の店内

組み立てていました。その頃のお客様は、男性ビジネスマンと、コミックを買い求める中高生が中心で、女性は比較的少なかったように思います。

　昨今では働く女性が増えているという社会背景もあり、また、家庭では男性より女性のほうが家計を握っているという消費性向も統計で出ているので、リニューアルにあたっては働く女性たちを中心に喜んでもらえるような店づくりを目指して、今は、実際に来店客層もそのように変化していると店長の塩澤から聞いています。そんなこだわりの中から生まれた店づくりが**写真８**に活かされています。

和氣――スタッフに関してはどうでしょうか。

山崎――こちらも長﨑さんの話と重なってしまいますが、新しいスタイルの店をゼロから作るにあたって、企画者本人にはゼロからの視点に戻る覚悟はありますが、長くそこの慣習に染み付いた動きを持っていた人が、急に「いままでのやり方を変えてくれ」と言われても変えられないでしょう。また、テナントを撤退するタイミングでは出店できるかまだ分からない時期でもあったので、いったん閉店ということで一人ひとり面接をし、全員退社していただく運びにしました。

　その際に「もし、お店がまた入ることになったら、雇っていただけるんですよね？」とパートさんに言われましたが、「申し訳ありません。もし、再オープンの運びになっても、ゼロから面接に来ていただくことになります」と。私も非常に心苦しかったですが、それぐらいゼロから考えることの必要性を感じていたの

写真７　CHIENOWA BOOK STOREのコンセプト

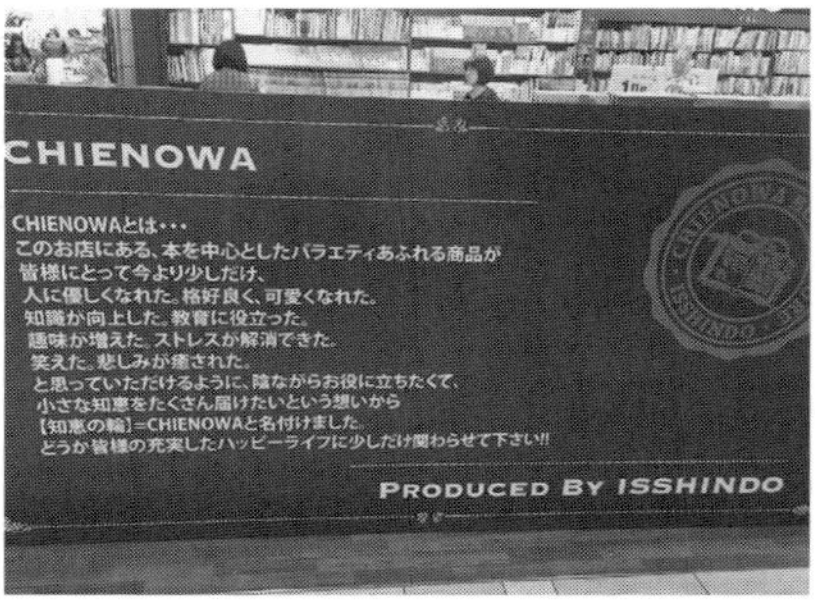

写真８　こだわりの商品棚

で、ゼロからのスタッフをそろえました。

リニューアルにおけるハードとソフト

和氣――リニューアルと一口にいっても、その中身は大抵ハード面とソフト面に分けられると思います。ハードが、設備や内装面だとすると、ソフトは、働くスタッフや品ぞろえに当たると思います。見た目が変わって、今までと違ったことが何か起こるのかなということで、新しいお客様も入ってくるとは思いますが、実は中身が今までとそんなに変わってなかったとなると、せっかくついたお客様も離れてしまうことになってしまうかと思います。

ＣＨＩＥＮＯＷＡ ＢＯＯＫ ＳＴＯＲＥさんに関しては、いったん閉店して、スタッフを一新する際に、店長を公募しています。そこで採用されたのが塩澤店長ですが、なぜ公募を選んだのかをお聞きしたいです。

山崎――今までは人を募集するというと、なるべくコストをかけないように、フリーペーパーや、ハローワークを使って人材募集を図っていたことが多かったです。しかし、この店づくりが小さな零細企業からすれば本当に大きな投資で、絶対に失敗することができないという気持ちがありました。そのため、中途採用のエン・ジャパンという会社にお願いをして、お金をかけて広告を打ち、コンセプトをしっかり伝えて、これから必要となる人材を集めることに全力を尽くしました。その結果、１００名以上の応募があり、中には大阪から応募してきた方もいらっしゃいました。

和氣――その際に伝えていたコンセプトを具体的に教えてください。

山崎――「これから残れる新しい本屋のかたちを一緒につくりませんか」です。

和氣――その100名の応募の中には、元書店員や本好き、本屋好きの方がたくさんいらっしゃったと思います。その中で、アパレル出身の塩澤さんという、他業界の方を採用したのはなぜでしょうか。

山崎――私も、大学時代に4年間、駅の本屋でずっと働いていて、そこに身を置いていた者としてよく分かりますが、私自身、旧態依然たる本屋のカタチになじんでしまっている感がありました。面接の際には「私は本が大好きで、本屋が大好きです」という方がたくさんいらっしゃいましたが、その積み重ねが今の書店の型を作ったのだとすれば、もしかしたら、それでは本屋の未来はつくれないのではないかという疑念がありました。

そこでまずは、本や書店に対する知識や経験よりも、未来を見据える想像力、新しい店づくりに取り組むわくわくした気持ち、チャレンジ精神を持っているかどうかというところを第一に頭に置いて、結果的にその中で採用したのが、今、隣にいる店長の塩澤です。

和氣――塩澤店長はまさに新しい着眼点を期待されてCHIENOWA BOOK STOREに入ったということですね。リニューアルした直後は、それ以前から残っていたスタッフは1名だけで、他はすべて新しく雇った人だったと聞きました。塩澤さんご自身も異業種出身ということで、大変な思いをされたと思います。どういった面でのご苦労がありましたか？また、書店とアパレルの売り方、考え方の違いについて、何か皆さんに伝えたいことはありませんか？

塩澤――最初は非常に苦労しました。もともと私自身が書店の経験がなく、オープン前の研修でスタッフと一緒にブックカバーの掛け方の練習をするくらいのレベルからのスタートだったので、まず実務面に慣れるまでが大変でした。いろいろな方に話を聞いたり、自分自身でいろいろな店を見に行ったりという、業務外のところでいろいろ勉強をし、それをスタッフに伝えていきました。

伝える過程で、異業種から見たらおかしいなと思うところにも多々気づきました。スタッフは良かれと思ってやっているので、そこを修正していく作業は非常に難しかったです。具体的には、書店は細かな作業が多く、毎日、配本があり、荷物が何十箱と送られて来ます。それを出す作業に追われてしまい、そこが仕事の終わりだという感覚があるように感じ、「お客様に商売をしているという意識をスタッフが持っているのかな」というのが、異業種出身の私が見た印象でした。そこから、商売として書店をやっていくんだというところをスタッフに教育していくというところが一番苦労しました。

和氣――教育と言っても、今までやっていたやり方、考え方を変えるというのは難しいと思います。どのように実践されたのでしょうか？

塩澤——これもいろいろ試行錯誤でしたが、最初は「こうしなさい」と上から言ってしまっていました。結果的に言うと、それは失敗で、今残っているスタッフで書店経験者は、アルバイトだとゼロです。全体的に見ても、書店経験者で長く続いたスタッフはあまりいなくて、いま残っているのは雑貨店にいた人や、全く関係ない事務職をやっていた人などがほとんどです。

結局、自由に考えてやらせるという環境をつくりながら修正していきました。今残っているのは、仕事を自主的に考え、楽しんで動けるスタッフで、指導方法を変えて、うまく土壌をつくれたのが良かったのかなと思っています。

和氣——スタッフが好きに考えて動ける環境を用意したと言われましたが、とはいえ、売れないとどうしようもないわけです。売れる商品と、スタッフが好きで並べる商品の比率はどれくらいですか？

塩澤——本当はもう「好きな商品を全部並べていいよ」と言いたいですけど、駅前の特に立地がいい場所で商売をやっているので、それもなかなか難しく、今は「8割が売れ筋。2割は自分が売りたいもの、自分が読んで面白かったものを売っていいよ」と伝えています。その2割の部分も、売れ筋の商品があってこその2割というところがあるので、その辺は理解してやってくれていると思います。

和氣——長崎書店さんも、以前別のところで売れ筋の商品と長崎書店らしい品ぞろえの比率は「8対2」から、多くて「7対3」と言っておられました。どういうかたちで、この比率に落ち着いていったのでしょうか。

長崎――その割合は大まかなイメージだとそうですね。ただ、細かく言うと、ジャンルによっても当然違ってきます。例えばコミックとか、文庫とか、鮮度がものすごく大事な商品群もありますし、その一方で、当店は、文芸とか、芸術、人文、郷土といった文化性の高いもの、地域性の強いものを大切に売っていこうという考えもありますので、そういったジャンルでは、年間1回転程度の、効率で言えば決していいとは言えないジャンルでも、できる限り減らさずにしっかり置いていこうと話しています。

話題書やお客様が今読みたいと思っている本があるのは、小売業として、町の本屋として当然満たすべき要件だと私は思っています。もう一方で、そんなに売れていくものではないが、文化的、地域的に見て非常に重要だと思われるものを、売れないからすぐ返すのではなくて、じっくり、しっかり置いていって、お客様に「長崎書店には必ずこういう本が、新刊が置いてある」という信頼感をつくっていきます。

スタッフには「売れ筋のボリューム感をしっかり確保するとともに、熊本で1人か2人しか買う人がいないような本でも、長崎書店の方針に合うものであれば、どちらもしっかり大事に置いていきましょう。全ての仕事は、ファンづくりのためにやっているんですよ」と言っています。また、品揃えだけではなく「あなたの接客であったり、売り場のディスプレーだったり、協力会社の方々に対する接遇だったり、対応の仕方、電話の取り方一つにしても、『長崎書店っていいね』と言うファンをつくれる仕事になっているのかということが、一つの大きな価値基準です」とも言っています。
私は経営者の仕事として、大きな会社の方向性をつくることと、彼らスタッフたちがそこへエネルギーを集約できるように環境を調えることを念頭に置いて、普段スタッフとのコミュニケーションを取っています。

和氣――塩澤店長も「環境をつくるというところに注意した」とおっしゃってましたが、現場にはどれくらい出ていますか？　例えば、棚づくりに関して基本的には口は出さないのでしょうか？

塩澤――私に関しては、一応担当ジャンルを持っていますし、実務もそれなりにやっています。レジに入ったり、返品したりもたまにはします。ただ、コミックだったり雑誌だったりという主要部門に関しては、レギュラーメンバーがいるので、その人にほぼ一任しています。例えば、コミックに関して言うと、店長である私より担当スタッフのほうがずっと詳しいので、詳しい人にやってもらったほうがお客様に届きやすいというところもあります。その面では、スタッフがやりやすい環境を調えるというところを意識しています。

和氣――長崎さんはいかがでしょうか。

長崎――私は、書店の実務にはほとんど携わっていません。いろんな書店の経営者などとコミュニケーションを取る機会を確保するように努めています。そういったほかの本屋とか、

＊和氣正幸氏の略歴
1985年生まれ。本屋研究家。「BOOKSHOP LOVER」主宰として、本の世界の魅力を伝えるための幅広い活動を行っている。おもな活動としては「もっと本屋を楽しむポータルサイト BOOKSHOP LOVER」、書評投稿サイト「本が好き！」の運営などを行っている。

和氣正幸さん

同業の方、異業種の方とのコミュニケーションの中で、「こんなのをやってみたら面白いんじゃないか」とか、「こんな企画をやってみたらどうか」とか、そういうことをスタッフに情報として与えています。

ただ、お店の見回りは当然毎日やりますので、「このＰＯＰ、もうぼろぼろになっているよ」とか、「何でさきほど、あんな言葉遣いをお客さんにしていたの?」とか、細かいことを注意することもありますね。

和氣――長崎書店さんでは人材教育をしっかりやっているというイメージがあります。店員が皆さん、読書アドバイザーの資格を持っていますよね?

長崎――スタッフ全員ではなくて、棚担当者の6名です。私自身は、とても一流の書店員とか書店人だとは言えないと思っています。なので本が好きで好きでこの業界に入ってきて店長になりましたという人に、コンプレックスを感じるくらいです。私も本が好きですが、そんなに本をたくさん読んでいるわけでもありません。私自身が、一人ひとりのスタッフに対して「こうすれば売れるよ」と成功法則を教えてあげることはできない。それであれば、私は経営者として、一人ひとりのスタッフの資質、スキルを伸ばしていくために必要な環境、教育の機会をしっかりつくってあげたいと思っています。

見込みがあると思ったスタッフには読書アドバイザーを受講してもらうとともに、そのときに担当しているジャンルの主要な版元にアポイントを取って、コミュニケーションをとる機会を作るとか、取次の店売に足を運んで商品に触れるとか、九州で開催される商談会にお邪魔してお話をいろいろ聞くとか、そういった勉強をしたり、関係する取引先の方々とのパイプを太くしたり、そういう機会を一人ひとりのスタッフが自分でつくっていくための環境をつくるのが私の仕事だということです。

和氣——読書アドバイザーなど、そういった出版社などとの関係づくりのほかにも人材教育のために行っていることはありますか。

長﨑——勉強する機会をつくっています。「トーハン書店大学」という通信講座は、棚担当者に限らずスタッフ全員に、入社したら必ず受講させますし、商工会議所が行っている販売士検定試験は、3級と2級の資格を奨励して、受講費用は全部会社で持つから勉強を頑張ってくださいというかたちで、少しでも学び続けるということに対してモチベーションを保ってほしいと思っています。その結果、売り上げが上がった、お客様に評価されたということが分かれば、それはまた続いていくと思います。その循環を非常に意識してやっています。

リニューアルのための資金

和氣——長﨑さんも塩澤さんも現場の書店員を後ろから支えたり方向性を決めたりといった点で努力されているのだなと感じました。特に長﨑さんの場合は会社が受講料や出張費を出すという話がありましたが、一方で多くの書店が抱えているのが資金面の問題だと思います。そこで、リニューアルというテーマに戻って、リニューアルの資金をどう用意したか、という話をうかがっていきたいと思います。まず、長崎さんから、どうですか。

長崎——上通のお店は10年前のリニューアルですが、そのとき5000万円ぐらいかかりました。私どもにとっては大きな金額です。赤字続きで、いろんな支払いや返済が非常に厳しい状況下だったので、正面から銀行や金融機関などに相談に行っても、当然相手にしてもらえません。

そんなときに、ときどき経営相談に行っていた商工会議所の担当者から、経営革新計画承認制度というものを熊本県の商工関係の部署が取り扱っていることを聞きました。改革の道筋を示すものすごく分厚い経営計画書を作って提出し、県知事の承認印がもらえれば、設備資金だったら数千万円までは1パーセント台で融資を受けられる可能性があるというものです。他の方法もなく、これしかないということで、数か月でコンサルタントを探して一緒に計画書を作成し、何とかそれが通って金融機関からも借り入れができました。

リニューアル前は130坪ありましたが、そのうちの30坪をテナントで貸し出しして、テナントの賃料も銀行返済に充てるための資金とするということにしました。経営革新計画承認制度による低利融資と賃料収入の二つが要でした。

和氣——「革新」計画書ということですが、一般的な書店が経営的に楽だということは基本的にないと思いますので、おそらく役所の方もなかなか計画を通しにくいところがあったのかなと思います。もちろん文化的な意味があるので、通したいという気持ちはあるが、ビジネス的にはなかなか難しいと見られてしまうと思うのですが、計画書を作るにあたり、注意されたことは何ですか?

長崎——本・雑誌を中心には当然扱っているけれども、いろいろなイベントとか、本以外の商材に関してもある程度組み入れていって、それもビジネスとして、集客力の向上、粗利益の向上に役立てます、と。そういうストーリーを描きました。

和氣——ビジネス面で、粗利益の向上というところが恐らく大事なのかなと思います。CHIENOWA BOOK STOREさんにもお聞きしたいのですが、いかがでしょうか。

山崎——私どもは超零細企業で資金はいつもないという状況でしたので、都銀ではなくて信金でお付き合いのある所で、計画書を作って借りるということをしました。鉄道会社も不動産ビジネスみたいなやり方になってきています。有名なテナントをどんどん持ってきて、そのテナント料でリニューアル費用をまかなう、収益を出すというビジネスモデルが、今の鉄道会社のスタイルです。非常に強気な料金設定をしているのが事実ですので、保証金も本当にびっくりする金額になりました。

和氣——それは賃料が強気ということですか。

山崎——賃料も強気です。「売り上げがいかなくても、これぐらいは払ってください」という最低保証賃料を設定されたので、これをやるためには売り上げをどれだけやらなければいけない、人件費はこれぐらいにしなければいけない、という形で逆算していくしかありませんでした。改装費用については5000万円を超える金額を借りています。

和氣――駅ナカで、さらに賃料も多い中で、改装はコストダウンを迫られると思います。その中で、山崎さんの会社では事務機器のビジネスをしていることでしたが、どういったことに取り組まれましたか？

山崎――私は大学卒業後、メーカーで事務機器の営業をしていました。弊社にはオフィス向けの商材を扱う事業部があり、一進堂に戻ってからも、オフィスの事務機器や内装工事、お客様の店舗を作る仕事をしていましたので、そういった経験を活用できないかというところもありました。

先ほどの写真の店づくりを「きれいだな」と思ってくれる方がいればうれしいですが、実は、CHIENOWA BOOK STOREのリニューアルは、中古什器の再利用、リノベーションを活用したものです。塗装をして、きれいに見せながら費用を押さえて出店したい。昔みたいにお金をかければ売り上げが上がる時代ではないのは分かっていましたので、これから私たちが出店の仕事もお手伝いできるようなことを見据えて、中古什器をリノベーションしながら、低コストで運用、メンテナンスができるような店づくりを心掛けました。そうすることで、いまの店作りの基盤が出来上がっています。

和氣――書店以外のほかのお店でも似たようなことをしているんですか。

山崎――書店ではこの店が初めてですが、もともと、不動産屋であるとか、その他一般事務所であるとか、オフィスのリニューアル、内装工事等々では実績がありました。そのノウハウをうまく生かしつつ、今後、書店業界のリニューアルもお手伝いできたらという思いがあって、モデルになるような店づくりをした次第です。

和氣――このお店がすてきだなと思う方がおられたら、山崎さんにすぐ連絡をいただければ（笑）。通常のお値段より安いですか。

山崎――書店のリニューアルというと、取次から業者を紹介していただくという流れがありますが、結果的には、そこで見積もりが出てきた費用の7割から8割以内で抑えられたというのが大きなポイントです。

和氣――何百万円、何千万円という中での2～3割というのは大きい金額だと思います。

山崎――かなり大きいと思います。新しい書棚とか什器を買うと、定価がすごく高いので、そこにかける費用を、こういうデザイン性に富んだ書棚や什器にする、そういったところにあて込めたという意味では、逆手に取ったというところがあります。

店づくりと品ぞろえ

和氣――ここまでは、設備に関してのお話、そして、ソフトとしての人材面に関してのお話を伺ってきました。店づくりや品ぞろえに関しても、もう少し詳しく伺いたいと思います。

長崎書店さんにはギャラリースペースがあり、そちらが文化的な発信の中心になっていると思いますが、詳しくお聞きしたいです。

長崎――リニューアルの際に承認された経営革新計画は、「革新」という言葉が入っていますから、今までとどれだけ違うかという点が見られます。その必要性に迫られているということも大きかったのですが、きっかけは、インテリアデザイナーからの提案です。お店の中にギャラリーを作って、いろんな作家の原画を展示するとか、雑貨の販売をやるとか、そういった企画をどんどんやっていったらどうだろうかという話が出てきました。

私もすぐ、「それはいいですね。やりましょう」となりました。ただ、オープンして最初の企画だけは決まっていましたけど、そのあとに何をしたらいいのか全く分かりません。イベントを企画するとか展覧会を開催するという経験もありませんでしたし、作家の方とのご縁もほとんどない状態でしたので、すぐに、「ああ、どうしようどうしよう」となってちょっと焦っていましたが、いろんな方々の紹介などもあって、とりあえず運営できるようになりました。

その中で、地元の作家の作品、絵を販売したり、この前だと器を販売したり、いろんなことをやっています。一点5万円とか10万円とかするような、ある程度本格的な絵を描く作家の企画展を1カ月やったときも、絵が7点ぐらい売れました。恐らく、お店全体の雰囲気のクオリティーのコントロールにもある程度気を付けてやっていますから、そういったお客様が来てくれて購買につながったのかなと感じています。

和氣——今ここに来ているお客様はリニューアルに興味のある方だと思うので、ギャラリースペースでの企画について詳しく聞きたいと思います。どうやって企画を作っていったのか、それとも持ち込みがあったのか、また、どのように軌道に乗せていったのかというところをお聞きしたいです。

長崎——まずは熊本県内のいろんなギャラリーなどに足を運びました。そこで展覧会をしている作家さんで、長崎書店と相性が良さそうだと感じたら、こちらから連絡を取ります。そういった作家の作品展を開催したら、また、その作家が友人の作家を紹介してくれるなど、熊本の中は作家同士のつながりがかなり強いことが分かりました。長崎書店の方向性をコミュニケーションの中で伝えられれば、「こういう友人が、こんなものを作っているよ」と教えてくれます。

それを続けていると、逆に東京の出版社などからも、「こういう作家が、今、九州で展覧会を企画しているけれども、熊本でもしませんか」というお話をいただいたりします。一番うれしかったのは、漫画家の松本大洋さんと絵本作家の酒井駒子さんが、糸井重里さんの本の装画を描いたときでした。「今、本の原画が全国を巡回しているんです。九州でもやろうと思ってギャラリーを検索していたら、長崎書店がヒットしました。ぜひ、本の販売と、松本先生、酒井先生の原画展を一緒にやりませんか」と言われて、それはものすごくうれしかったですね。

和氣——持ち込み企画は、基本的には断るのでしょうか。

長崎——持ち込みの企画や「一日いくらで貸してくれるんですか」といった問い合わせが非常に多いですが、基本的に長崎書店の主体的な企画しかできないので、「ここは貸しスペースではありません」とお断りしています。

和氣——なるほどね、読者に沿った長崎書店らしい独自の企画を大切にされているということなんですね。

長崎——自店でやる意味や文脈を感じれば受けることもあります。「長崎書店のギャラリーで、こういうことをやっていますよ」というのを発信し続けつつ、どの程度のクオリティーを保ちたいのかということを自分がはっきり持っておかないと、お客様にとってもよく分からない空間になってしまうので、その辺りはとても大事です。あとは、とにかく続けて、「ギャラリー、熊本」と検索したら長崎書店が出てくるぐらいのところまで持っていければ、ある程度回っていくのではないかと思います。

和氣——クオリティーのコントロールという言葉が出てきましたが、クオリティーというものはどうやって判断しておられますか。

長崎――「ぴんときたもの」「いいなと思ったもの」を大切にしています。

和氣――ご本人のセンスというか、感受性がかなり大事になってくるということですか。

長崎――そうですね。そこはお伝えしづらい部分かもしれません。

和氣――『善き書店員』（ミシマ社）という本に長崎さんのインタビューが載っていますが、この中でも、「（書店以外の）いろんなお店に行くにしても、全部が自分のお店につながる」とおっしゃっていました。そのようなつもりで、いろんなお店であったり、場所であったり、そういった所に行くからこそ、自分の見る目が鍛えられるということですか。

長崎――そうだと思います。私も年に何回か東京に行きますが、その際には、見たい展覧会とか、見たいお店とか、食べたいものとか、事前に情報を得て、できるだけ自分で体験します。「社長、ほんとに仕事をしているんですか？」とスタッフに言われることもあります（笑）。

和氣――それがクオリティーにつながるということですね。

長崎――お店の中に隙間のようなスペースがちょっとあると、こんなことをやっていきたいなというアイデアがふっと湧いたときに、チャレンジできます。もちろん、全部本棚にしてしまって安定的な売り上げを出すということも一つのやり方だと思いますけど、店のほんの数坪でもこういう隙間のようなスペースを作ると、作家や版元と何か話が盛り上がったときに、「じゃあ、うちのギャラリーでやりませんか」と言うこともできるので、発展性があるのではないかと思います。

和氣――それでは、CHIENOWA BOOK STOREさんにお聞きします。私が見た印象でのCHIENOWA BOOK STOREは、いわゆるおしゃれな駅ナカの書店で、実用書や、雑誌、漫画などの商品が並んでいます。その中で、私個人としてはかなり好きな文房具の売り場が一角にあって、そこの周囲だけ明らかに雰囲気が違うといった品ぞろえになっています。どういったことを意識してやっていますか。

塩澤――店内の右奥の大体10坪ぐらいが和氣さんのおっしゃったスペースですが、具体的には、文房具と本と雑貨のスペースになります。私の中では、それ以外の棚とは全く違うコンセプトで売り場を作っていて、ここはモノとして価値を感じられる本をセレクトして、文具や雑貨と一緒にして売り場を作っています。

お店の最初のコンセプトとして、「ギフトを探せる店」というのがありましたので、本を「モノ」としてセレクトしたためか、結果的にギフト需要がかなり高い売り場になっています。なので、それ以外の所は、「情報」としての本がメインの売り場になっていて、全く基準が違う売り場になっています。日常使いの「情報」としての本の売り場から、こちらの「モノ」としての本の売り場へお客様が流れてくるのが理想だと思っています。

和氣――中には、ほかの文房具売り場にはないような商品もありますし、何でこの本がここにあるんだといったような結構マニアックな本もありました。クオリティーのコントロールという点で何か気にされていることはありますでしょうか。

塩澤――私は「クオリティー」という言葉はすごいくせものだと思っていて、難しいです。私も長崎さんと一緒で、外に出ていろんな業界を見るというところはすごく意識しています。例えば東京ビッグサイトでやっているブックフェア以外の展示会等にも頻繁に行くように心掛けています。あとは、作家やデザイナーと知り合う機会があれば、そこからいろんなクリエイターを紹介してもらったり、そこから情報を収集したりということは、やっています。

書店業界ではなじみがありませんけれども、ビジュアルマーチャンダイジング（ＶＭＤ）*という、主にアパレルや雑貨業界ではよく使われる言葉があります。書店で店長を始めてから２年目ぐらいに、お客様に価値を伝えるには、書店にもＶＭＤの要素が必要だと気付き、勉強しました。商品のクオリティーが高いものを入れるというのは当然ですけど、そのクオリティーを落とさずに、お客様に視覚的にどう伝えるかというところは意識しています。

和氣――私は書店員の経験がないので、素人目線で見てしまうと、全部こういった売り場にしてしまえばいいではないかと思ってしまいますけれども、右奥の10坪というかたちになっているのはなぜかお聞きしたいです。

***ビジュアル・マーチャンダイジング（ＶＭＤ）**
小売店が自身のコンセプトに基づいて商品を視覚的に陳列・演出することで、選びやすく買いやすい売り場を作りあげるマーケティング手法全般を指す。

塩澤——この10坪の売り場については、8割がた私が担当しているというのがあるので、正直ここをどーんと広げたいという気持ちはあります。ただ、駅ナカという立地を考えたときに、ここは日常使いの場所ではありません。高齢の方がパズル誌を1冊買いに来たり、テレビ誌を1冊買いに来たり、そういう方があってのお店なので、そういうのを買いに来たついでに、こっちに回ってきてくれればいいなという思いがあります。先ほども出た「8対2」のバランスというところが、ここでも少し関係してきますけれども、売れ筋だったり日常使いのものがあったりしてこそのこちらなので、そこのバランスは崩さないようにというのは意識しています。

立地にもよりますけれども、駅ナカに関して言ってしまうと、ここのバランスが崩れると商売として成り立たなくなってくる部分もあると思いますので、気を付けています。

町と本屋の未来

和氣——CHIENOWA BOOK STOREさんは駅ナカですし、長崎書店さんは商店街の中です。どちらも町中の書店であると言えると思います。町と本屋という観点から考えたときに、長崎書店は、「ラ・ブンコ（La! Bunko）」という試みをしていますし、CHIENOWA BOOK STOREは「ブックカバーコンテスト」という試みをしています。それぞれについてご紹介ください。長崎さんからお願いします。

長崎——**写真9**のように「ラ・ブンコ」というオリジナルの文庫フェアを2010年に初め

て企画して、1カ月間で1800冊超の文庫本を売り上げました。イベントの内容としては、ナツコミ&ナツイチフェアや、秋の100冊フェアなど、出版社の企画による文庫フェアがありますが、パロディーのような感じで、それを長崎書店のオリジナルでやってしまおうというものです。

具体的には、熊本在住もしくは熊本出身のさまざまな分野で活躍している方100名に文庫を一冊ずつ選んでもらって、合計100点仕入れてギャラリースペースで展示販売をするということで、よくある文庫フェアのように見えて、実は長崎書店でしかできない文庫フェア、熊本ならではのフェアです。

文庫とか本には、有名人のお薦めという帯が付いていたりします。もちろん、それもある程度効果があると思いますが、熊本にお住まいのお客様であれば、いつもテレビで見ているアナウンサーとか、熊本出身の映画監督の行定勲さんとか、小山薫堂さんとか、そんな方々がいったい何を読んできて、どういう気持ちでこの本を薦めているのだろうかというほうが、おそらく刺さると思います。私がちょっとあこがれているあの人は、どんな本を読んでいるのだろうかと想像するだけでも愉しいですね。

それが非常に好評を博して、売り上げとしても大変良かったですし、広報的に見ても、熊本の地元のテレビとか、新聞、雑誌にも全部採り上げてもらいました。今でも取材に来てもらうときに、ラ・ブンコについてお話しする機会が多いです。そういった意味では、長崎書店のハード面のリニューアルが2006年だとすれば、イメージ面というか、ソフト面でのリニューアルの契機となっ

写真9　長崎書店独自のラ・ブンコ（La! Bunko）フェア

たのが2010年のラ・ブンコなのかなと思います。

和氣——「熊本」をキーワードにして始めたということだと思いますが、ほかの県だとここまでのフェアはなかなか聞かない気がします。なぜ熊本で、しかも長崎書店だとできたのかというところはすごくお聞きしたいです。

長崎——それは先ほどのギャラリーとも関係してきます。月替わりで熊本在住のいろんな作家たちに展覧会を開催してもらっていた関係で、ものすごく人脈が広がりました。多分、こんなに多種多様な人脈とつながっている本屋は、熊本では当店だけではないかと自負しています。見えない財産だと思います。こうして培った人脈をフル活用して本を売る企画をしたいなとひらめいたのがラ・ブンコです。

和氣——ギャラリーという一つの空間というか、隙間があるからこそ生まれていった人脈、さらにそこからラ・ブンコが生まれていったということですね。

長崎——関係性を育むための装置みたいな場所になったと思います。

和氣——次にCHIENOWA BOOK STOREさんですが、私は、書皮が好きなので、ブックカバーコンテストは、とても気になりました。

塩澤――２０１５年で３回目になりますが、**写真10**のようにブックカバーコンテストを毎年やっています。文庫のブックカバーのデザインを一般から幅広く募集して、一次選考で６点ぐらいに絞り、最終選考というかたちで、ＣＨＩＥＮＯＷＡに来てくれるお客様の投票によって大賞を決定するというコンテストです。

和氣――大賞受賞者の方には、どんな特典があるのですか？

塩澤――**写真11**は、今年の大賞受賞作で「読書家と絵描き」が大賞になりました。大賞になった作品は、文庫のブックカバーとしてお店で製作して、文庫をお買い上げの方に掛けています。

さらに、副賞というかたちで、売り場の一部を好きに使っていいですよという権利を差し上げています。例えば大賞受賞者がデザイナーでしたら、**写真12**のようにご自身の作品を売ったりします。また、客数が落ちる正月に販促の一環として**写真13**のように「本の福袋」コーナーなども実施しています。

和氣――ラ・ブンコが、長崎書店さんが中心に人々をつなげていったものだとしたら、こちらは、お店を開いていくというようなものだと思います。実際に応募するのは、どういった方が多いですか。

塩澤――学生もいますし、地域の主婦もサラリーマンもいます。一番小さい方だ

写真10　ブックカバーコンテスト

写真11　カバーコンテストの大賞受賞作

と小学生もいて、10代から70代まで、本当に幅広いです。もともとは地域の朝霞市からだけの応募を想定していましたけど、今回は九州から北海道まで全部で100通以上の応募がありました。

和氣――店を使って遊ぶというような感じになって、すごくいいですね。

塩澤――そうですね。全部の応募作品を見られるので、私が一番楽しんでいます(笑)。

和氣――ラ・ブンコもブックカバーも、それぞれ地域に対して異なるアプローチですが、そのほかにどういったことをしているのかということもお聞きしていきたいです。CHIENOWA BOOK STOREさんは、ほかにNPO法人「スマイルあさか」というものをされているということですね?

山崎――こちらに関しては、一進堂という会社とは別の組織で、地域に物売りだけではない貢献の仕方が若い視点からできるのではないかということで、地域の企業を営んでいる仲間たちと一緒に立ち上げた団体です。その中で、児童施設、福祉施設、老人施設に出向いて手品ショーをやっている草の根活動があります。その中の企画にCHIENOWA BOOK STOREがコラボして、児童会館などで手品ショーと読み聞かせをセットで行うといったことを今展開しています。

写真12　大賞受賞者の独自コーナー

写真13　本の福袋コーナー

そうすることで、もしかしたら今までうちのお店に遊びに来たことのない方にもうちの店を知ってもらって、いつか、明日、明後日、また、来月、来年のお客様になっていただければと思い、中・長期的な視点で活動しています。

和氣――店に人を呼び込む施策だと思いますが、町に人を呼び込むような、町自体に人を増やすような施策というのは、そのほかにしていますか？

塩澤――町に人を呼び込むというほどではありませんが、ブックカバーコンテストを実施している話で言うと、もともとの企画趣旨は、「人とつながる」という部分であると思います。書店というのはやはり公共性が高い場所だと思っているので、直接の趣旨には結び付かないような面白い企画を行うことで、基本的には地元のお客様がメインですが、地元以外からも来てほしいなという思いを、こういう企画に込めています。

和氣――長崎書店さんに伺いたいのですが、ラ・ブンコのほかに、ご自分というか、長崎書店として町とどう関わっているか、また、町に何か人を呼び込むような施策をしていますか。

長崎――長崎書店が位置している上通商店街は、熊本の中心商店街で、熊本城下にも近くて活気のある商店街です。私は、そちらの理事をやっていますので、商店街の理事としての活動の話もしたいと思います。

和氣——理事になったのは、商店街に関わっていきたいという気持ちからですか？

長崎——それはもうほぼ世襲制のようなもので、路面である程度の大きさがあれば、やるのは当たり前だというような有無を言わせないところがあります。上通商栄会と言って懇親的な場でもありますけど、そういった飲み方がそんなに得意ではないこともあって、一時はちょっと憂鬱なところもありました。

でも、一店舗ではできないことがやはりあって、商店街に人を呼び込む、来街者を増やすためにアーケードや、インフラをきれいに調えてメンテナンスするのも、毎月の会費を組合店から集めてやっています。それと同時に、春や秋には大きなお祭りをやったり、ヨーヨー釣りとか、射撃とか、そういった集客事業も上通商栄会で開催します。

そういったお祭りやインフラの整備は、当然、商店街の予算を使ってやるべきだと思いますが、今後、数年間のうちに近隣の大きな再開発が熊本でも予定されていて、人の流れも大きく変わるだろうと。そのために、今までと同じように年に何回かお祭りをやるだけでいいのかという疑問が、私の中にずっとありました。

私にとっては、魅力ある商店街というのは、魅力ある商店の集まりだという定義ですが、商店街の活性化のために商店街の皆さんのお金を使うのであれば、それぞれのお店の活性化、本当のレベルアップをしていくことが一番近道ではないかと思い、上通商店街のファンづくりのための上通スタンダードという行動指針を若手で作りました。10カ条ありますが、その10カ条の実践と、10カ条を学んで実践するための商店街大学の運営をやっています。お店、スタッフレベルで、いい方向に、好ましい方向に成長して、結果、町全体がもっともっと愛される、にぎわいのある町にしていきましょうという取り組みです。

外商部はリニューアルしたときにやめましたが、あくまでお店の延長として、上通商店街エリアの、信号を渡らない範囲内、徒歩圏内に限って配達を強化しました。ヘアサロンや歯医者などおもに事業所が対象です。雑誌を紹介するオリジナルのパンフレットを作って、「こういう年代のこういう女性がメインのお客様であれば、こちらの雑誌はいかがですか」という提案もしています。雑誌配達用のカートを家具屋に作ってもらって、配達するスタッフに長崎書店の名前が入った法被を着てもらいます。「君は広告塔を兼ねているからね」ということで、気合を入れてやってもらっています。

和氣——CHIENOWA BOOK STOREさんは、地元企業のオフィスに対してオフィス図書館のようなものを提案しているとうかがいましたが、どんなものですか。

山崎——こちらに関しては、塩澤と私の二人で進めている最中で、待っているだけではできない売り上げのつくり方を模索しています。かといって、アマゾンとか楽天みたいにネットの仕組みを作って本を売ることはなかなかできませんので、私たちが企業に入って、本のコーナーを構築したらいかがだろうというところで、現在企業に働き掛けて取り組んでいる最中です。試行錯誤の段階ですが、お客様からもいろいろな意見をいただきながら育てているところで、外貨を稼ごうという努力を、チャレンジしているところです。

会場質問

和氣――もう少し詳しくお聞きしたいところもありますが、時間も迫ってきましたので、会場の皆様方から質問があれば、お受けします。いかがでしょうか。

会場発言A――ソフトの面というか、棚や品ぞろえについてです。「リニューアル後、女性のお客様が増えた」と言われていて、それはもちろん内装のことなどもあると思いますけれど、具体的にどういうジャンルに力を入れて増やして、どういうジャンルを今までよりは減らしたか？ということと、リニューアル後、増やしたジャンルの売り上げが実際に上がっているのか？品ぞろえとか棚のところを詳しく教えてください。

長崎――減らしたジャンルに関しては、まず学習参考書をなくしました。お店を少し狭くしたということと、大人にとって特に居心地のいい本屋にしたいという気持ちがありましたので、そのイメージを強めていきたいと考えました。町の本屋としては非常に続けたいところではありましたが、そのほか、理工書などの専門書関係も、中途半端な品ぞろえであれば、近くの大型店もあるので、そちらにお任せしようと思い、そのジャンルもなくしました。あと、私の入社前からアダルト系のコミックなども入ってしまっていたので、そういったものももう当店でやる必要はないということで、リニューアルを機に止めました。

女性のお客様というターゲットで考えると、ライフスタイルの本、ムックや書籍、写真の本であったり、特に眺めていて気持ちが癒されるとか、旅をした気持ちになれるとか、そういった心が和むような写真集だったり、エッセーだったりというものをかなり強めに仕入れて、それがだんだん売れるようになりました。

例えば、当店ではこの前まで「暮しの手帖」の編集長をしていた松浦弥太郎さんの本がやたら売れます。これだけ松浦さんの本が売れるのであれば、松浦さんを呼んでトークショーができれば、お客様がすごく喜ぶだろうなと思って、**写真14**のようにお店の3階のホールでトークイベントをやりましたが、3日で140人の応募があって、すぐ締め切らざるを得なくなりました。

お店のリニューアルをして、そういった本が売れやすい環境がつくれたと思います。実際にしっかりボリュームも点数も増やしていくことで、支持してくださるお客様が増えていって、そういったイベントをやったときにも活気や反応がいい。そういった循環ができると、次に同じような本や親和性の高い書籍が出たときも、また売れる可能性が高まりますので、それを続けているところです。

塩澤——当店は、一般的なレイアウトから考えると、駅ナカのお店にしては棚が1本少ないのではないかという作りになっています。朝霞駅周辺には20~30代の子育て世代がとても多く、結果的には、その世代の方々がベビーカーを押しながら、お店をぐるっと回れるというレイアウトになりました。以前のお店だと、ベビーカーは通ることができませんでした。それに比べると育児書や児童書が大幅に増えたジャンルですね。それ以外に関しては、やはりコミックの新刊などを買う方に対しての間口が広がったというところで、新刊の反応はすごく良くなりま

写真14　人気の高いトークショー（長崎書店・リトルスターホール）

した。

会場発言B――売り上げを確保するためにということでリニューアルをしてから、両店ともそれなりに年数がたっています。リニューアル後にまず売り上げがどう変わって、その後何年かの時間を経て、今、どのように推移しているのかというのを、差し支えない範囲で聞かせてください。

長崎――リニューアルした直後は下がりました。理由としては、面積が小さくなったこと、品ぞろえががらっと変わったことと、そして、見た目は変わりましたが、スタッフが仕入れやディスプレーのための十分な知識やスキルをまだ持っていなかったというところがあったと思います。リニューアルしてから割と横ばいのような状態が続いていましたが、3年ほど前からは、本は毎月、昨年対比で100%を超えるようになってきていて、現状、当店は6月末が決算月ですけれども、昨年度との対比で見ると107%ぐらいになりました。確実にお客様が付いてきてくださっている実感があります。

今までやってきた品ぞろえだったり、行動指針の浸透であったり、また、版元や作家や取次との関係づくり、地域人脈を育てるなど、時間をかけてやってきた結果だと思います。

長崎書店が出版業界や地域に対して「時間がかかることにチャレンジをして、ある程度結果を出せる書店である」というイメージを根付かせるためには、やはり数年間必要だったのかなと思いますし、それが今収穫できる時期に来ているとはっきり感じています。

塩澤――私どもは増床をしたので、リニューアル直後に売り上げ自体は上がりましたが、予想していた売り上げにはほど遠かったです。2年目から少しずつ上がって、110%ぐらいの実績が3年ぐらい続き、現状、月によって当然ばらつきはありますけれども、トータルで見ると微増というかたちです。この間の4月がリニューアルオープン5周年でしたが、その月に関しては、5年間で比べると最高の売り上げの月になったので、新しいお客様が付いてきたというところはあると思います。

ただ、部門別に言ってしまうと、本全体は雑誌の売り上げが下がったりというところが当然あるので、書籍に関してすべてプラスかといったらそんなことはありません。そのぶん、文具だったり、雑貨だったり、それ以外の部分で調整しているというところはあります。なので、書籍で売り上げが下がったときにほかの部分で調整できるという、ゆとりみたいなのがつくれたのもリニューアルの効果かなと思っています。

和氣――ありがとうございます。時間となりましたので、最後に一言ずつ、今後、両店ともどういうふうにやっていきたいのかについてお伺いして、終わりとします。

長崎――ちょっと大げさに聞こえるかもしれませんが、長崎書店としては、これから「町の本屋の最高峰」を目指したいという気持ちでやっています。長崎書店では、大型化を目指すとか、チェーン店舗、多店舗展開を目指すとか、パッケージとして複合化していくという考え方ではなくて、長崎書店が今まで長くやってきた経緯を生かし、地域性なども大切にしていきたいと思っています。私にとって町の本屋の最高峰を目指すのに大切なことが三つあっ

リニューアルは書店に
新たな命を吹き込むか？
本の学校
会場風景

て、一つは、町の商店なので親近感があること、お客様が親しみを感じるようなお店でありたいということです。次に信頼感、やはり本屋は専門店であり、そこで働くスタッフは専門職だと思っていますので、お客様のさまざまなニーズにお応えできるような知識やスキルを今後も磨いていきたいと思っています。

そして三つ目に大切に考えているのは期待感ということで、こちらも今までの書店の枠組みにとらわれることなく、長崎書店として可能性があると思ったことは、本・雑誌にかかわらずどんどんチャレンジしていきたいです。「やっぱり長崎書店らしいね」と言われるような、「次は何をやってくれるんだ」と期待してもらえるような要素がそろった町の本屋の最高峰を目指して、スタッフと頑張っていきたいと思っています。

山崎――私どもも、地域で長く愛される店づくりをしたいです。これから生き残れる本屋、新しい本屋のかたちを模索していきたい。そのために「書店が発信する何かがあってもいいかな」と思っています。いろんチャレンジをしていきたいと思っています。

その中に一つあるのが、２０１４年に作ったオリジナルの絵本ですが、そういった企画が今後走るようになれば、地域で愛される本屋に近付きますし、それがまた、自分たちの地域だけではなくて、もしかしたら全国に流通することがあるかもしれません。そんな可能性を持った、わくわくする魅力ある本屋をつくっていきたいと思っています。

また、先ほど、内装やリニューアルのお話もしましたけれども、塩澤がＶＭＤの資格を持っていますし、そういったノウハウも含めて、同業者、また、それに近い方と一緒に、この業界を盛り上げられるように頑張っていきたいと思っています。

和氣——ありがとうございます。本日は貴重なお話をいただき本当にありがとうございます。皆さんも何かお持ち帰りいただければと思います。今日はどうもありがとうございました。

（拍手）

第3分科会

「本との出会い方」——読書情報の変化とこれからの読者像

読者と本の出会い方が多様になってきている。従来、読者が本と出会う環境は書店店頭や新聞書評が主だったが、いまではアマゾンレビューなどのウェブ情報や、ツイッターなどのSNSで多くの読書情報が発信されている。リアルな場での読書会や本に関するイベントも盛んだ。当分科会では、ウェブメディアやSNS、そして書店の現場から、媒体の枠を超え、読者と本との出会い方を探っていく。

コーディネーター：松井祐輔（『HAB』発行人／本屋「小屋BOOKS」店主）

パネリスト：大西隆幸（ブクログ）
久禮亮太（久禮書店〈KUREBOOKS〉店主）
仲俣暁生（編集者、文筆家、『マガジン航』編集発行人）

松井——第3分科会を始めます。今日のタイトルは、「本との出会い方」ということで、従来、読者が本と出会う環境は、書店店頭や新聞書評が主でした。しかし、今ではアマゾンレビューなどのウェブ情報、ツイッターなどのSNSで、多くの読者情報が発信されています。そのうえで、リアルな場での読書会なども盛んです。このように、読者が本の情報に触れる環境が変わってきた中で、これから読者が本と出会う環境や状況をどのようにつくっていけるのか、本との出会いについて、いろいろな話をしていこうという趣旨の分科会です。

今日は、そういう話をしていただけるゲストをお呼びしています。まず、向かって左側より、編集者で『マガジン航』編集発行人の仲俣暁生さん、株式会社ブクログの大西隆幸さんです。そして、私のお隣にいらっしゃるのが、KUREBOOKSという屋号で活動している久禮亮太さんです。私は松井祐輔です。本の流通の取次の会社にいましたが、2013年に退職しました。そして、「HAB（ハブ）」という、書店や本の状況に関するインタビュー誌を発行したり、東京の虎ノ門にあるリトルトーキョーというスペースで、「小屋BOOKS」という2坪の本屋をしたり、最近は出版社で経理の仕事もしたりしています。

早速ですが、初めに、仲俣さんから1人ずつ簡単に自己紹介をお願いします。

出版業界及び電子書籍を含む新しい出版モデルの模索

仲俣――仲俣暁生*です。先ほど紹介があったように、『マガジン航』というウェブ媒体の編集をしています。今年の春からは発行人を兼ねることになりました。ですから、出版業界及び電子書籍を含む新しい出版モデルについて取材し、報告するウェブマガジンの編集者という立場が一つあります。

『マガジン航』は出版業界を取材していく場ですが、私自身も著者として、あるいはフリーの編集者として本を出すことがあり、どうすれば本が売れるかをつねに考えています。じつは『マガジン航』で連載してきた西牟田靖さんのルポが完結し、『本で床は抜けるのか』（西牟田靖著・本の雑誌社）という紙の本と、ボイジャーから電子書籍版にもなりました。おか

＊仲俣暁生さん
編集者、文筆家、早稲田大学政治経済学部卒業。編集者、文筆家。『シティロード』『ワイアード日本版』『季刊・本とコンピュータ』などを経て、現在は本と出版の未来を考えるウェブサイト「マガジン航」編集発行人。著書に『ポスト・ムラカミの日本文学』（朝日出版社）、『再起動せよと雑誌はいう』（京阪神エルマガジン社）、編著『編集進化論』（フィルムアート社）、『ブックビジネス2・0』（実業之日本社）など多数。

仲俣暁生さん

げさまで好評ですが、ウェブ連載を紙の本や電子書籍の形にまとめるにあたり、どうすれば多くの読者に知らせ、届けられるかを考えるよい機会でした。今日は本の著者でもあり、編集者でもあり、あるいは出版業界をジャーナリスティックに見ていく立場の人間であり、というところからお話しできると思います。

　ただ、私は実際に本を売ったり、売ることに貢献するサービスをしているわけではありません。大西さんや久禮さんのように、「このようにして読者と本を出会わせている」といった経験はないのですが、自分自身が本のヘビーユーザーであり、「本を読む・買う」、あるいは「本と出会う」サービスについて、うるさい注文をしているほうだと思います。

　翻って、自分はこれまでどうやって本と出会ってきたのか、自分の作った本や関わった本は読者とどこで出会っているのか、ということに興味があります。お二方が実際になさっていることについて、そうした立場からいろいろ質問を投げ掛けて、ディスカッションしていければと思っています。どうぞよろしくお願いいします。

松井――ありがとうございます。では、大西さん。

ブクログを運営してのブックレビューコミュニティーの仕事

大西――大西隆幸*です。よろしくお願いいします。私は、ブックレビューコミュニティーのブクログと、電子書籍作成・販売サービスのパブーを運営しているブクログという会社で取締役をしています。

＊大西隆幸さん
株式会社ブクログ 取締役、大阪府立工業高等専門学校卒業。SNSやブログサービスのコーディング業務に関わり、編集プロダクション勤務を経て、2011年よりpaperboy&co.（現GMOペパボ）に入社、2012年より分社化されたブクログに所属。2014年より取締役就任。主に、ブクログに関する外部アライアンスなど様々な業務を担当。

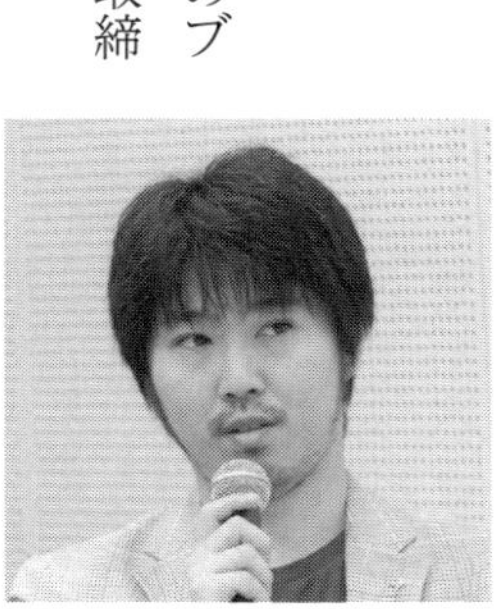
大西隆幸さん

大阪府立高専という工業系の学校を出たあと、芸能人ブログなどのサイバーエージェントとSNSのミクシィ（mixi）で制作をしていました。そのあと、編集プロダクションでウェブメディアの立ち上げや本の編集を2年半ほどやっていました。そして、2011年にpaperboy&co.という会社に入り、ブクログに関わるようになりました。

最初は、パブーの事業やブクログの広告営業、出版社や電子書籍などの本のプロモーションを提案する仕事をしていましたが、2012年にブクログが分社化した際にそちらに移り、ディレクターとして働いていました。2013年からは、取締役になり、今は事業戦略など、いろいろ担当しています。

ブクログ（**図1**）は、開設アカウント数が91万人ぐらいあります。レビュー数が680万、ユーザーは自分の本棚に好きな本を登録するのですが、6300万点ぐらいあります。ブクログ自体、クローズドではなく、オープンなサイトです。会員の構成は、女性が6割ぐらいで、半分ぐらいは20代から30代の人たちが使っているサービスです。ただ、40代、50代の方も結構使っていますので、比較的いろいろな年代が使っている読書のレビューサービスです。会員ではなくても見ることができ、会員の構成と大体同じで、6割ぐらいが女性、半分ぐらいは20代から30代という形です。

ブクログ自体は2004年からスタートしましたが、2009年からpaperboy&co.という会社の運営になりました。実は、以前から女性ユーザーが多いサービスで、10年ずっと使い続けている年配の方がいるなど、結構ヘビー

図1　ブックレビューコミュニティーブクログのしくみ

ユーザーも多いです。2012年には株式会社ブクログを設立しました。2014年、10周年になり、インフォグラフィックを公開しました。

弊社がまとめているブクログインサイト（**図2**）というサービスがあります。2015年4月にサービス開始し、「ブクログ内の読者レビューや、全ブクログユーザの性別・年代・地域等の属性、本棚登録の推移、読書ステータス（読みたい・読んでいる。読了・積読等）」のデータが閲覧可能になります。紀伊國屋書店にはPubLineがありますが、ネット版PubLineみたいなサービスと思っていただければと思います。

松井――ブクログに登録されている情報を整理して可視化するサービス、ということですね。

大西――そうです。今、統計情報としてお見せしています。

松井――ありがとうございます。では、久禮さん、お願いします。

フリーランス書店員と書店のコンサルタントの仕事

久禮――久禮亮太[*]（136ページ）です。よろしくお願いします。「久禮書店」という屋号こそありますが、実態は無店舗でフリーランスの個人です。

図2　ブクログインサイト

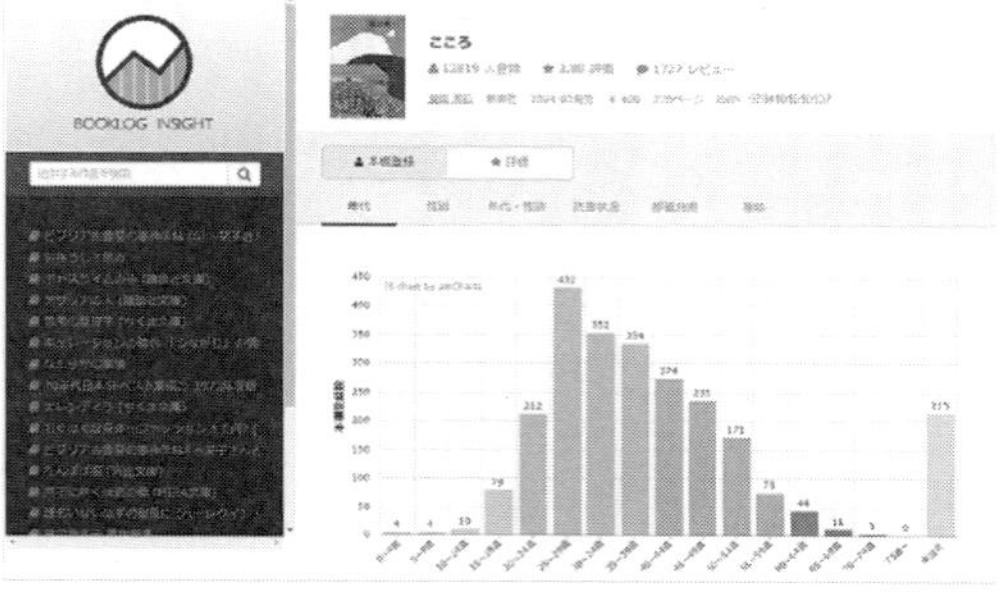

２０１４年まであゆみＢＯＯＫＳという新刊書店チェーンで、12年ほど正社員でした。直近の４年間は、小石川店の店長でした。取次の大阪屋と同じビルに入居していたので、出版業界の方にはおなじみの店です。２０１４年末に退職してフリーランスになって、半年ほどです。仕事の中身は、大きく分けると、「フリーランス書店員」と、「あちこち書店」という二つの柱があり、今は、その組み合わせで活動を模索しているところです。

写真1は、あゆみＢＯＯＫＳ小石川店の店内写真です。地下鉄・丸の内線の後楽園駅すぐという都心の約70坪の路面店で、ごく一般的な新刊書店です。いつも、ネット書店の便利さに対して、実店舗で町にある書店の売り場はどんな魅力が出せるかと考えていました。例えば、お店に入ってすぐ、レジ前のメインの平台にはこだわっていました。店の顔と言える平台ですから、ここに来なければ体験できない魅力でお客さんの気持ちをかき立ててやろうと思って、作り込んできました。

個別の品揃えを語りだすと止まらないので、ほかに大きな特徴と言える取り組みを紹介しますと、バーゲン本の導入です（**写真2**）。これは新刊書店の売り場作りのなかで、もっと利益を上げようと思ったんです。アメリカではリメインダー商材とも言われて一般的なもので、利幅が大きく魅力的です。それにバーゲンでお買い物するという、他の商売にはよくある楽しみを書店にも組み込みたいし、お店の在庫を減らさなきゃいけないという経営的な問題ともマッチすると思って、チャレンジしました。

写真１　あゆみBOOKS小石川店の平台

写真２　バーゲンブックコーナー

店長職はそんな実験をいろいろできる立場だったんですが、もろもろの事情で退社し、無職になりました。なぜそんな恵まれた仕事を辞めたのかと、みなさん疑問だと思います。半分は個人的なことです。うちは娘がまだ小さくて、妻もフリーで仕事をしています。私も妻も、娘の幼い時期に育児も仕事もしたいと思っていました。

一方で、あゆみＢＯＯＫＳの社内的な事情も大いにあります。経営方針や業績も変化してきて、自由にトライ・アンド・エラーを積み重ねていくよりも、返品率を抑制して在庫負担を減らし、経営を楽にしていくことが強く望まれていました。具体的に言うと、某大手取次では、返品率を下げると報奨金が出ます。その金額は、本を売って稼げる純利益に換算すると、いったい何部売ればいいのか分からないような大金です。そんな「ご褒美」をいきなりもらえるとなると、どうしてもそちらに引きずられてしまいます。

品ぞろえを良くしてお客さんを引き付けなければ、長期的には本屋に行く意義や魅力を維持できないと思います。でも、「返品を多くしてはいけない。在庫を多く持ってはいけない」という会社の空気を感じ過ぎて、現場が畏縮してしまうという良くない傾向がありました。私も明確なロジックで反論すればよかったんですが、正直、やり合うのもちょっとしんどくて。そこで、いいタイミングだから辞めてしまおうと……無責任で嫌になります（笑）。次のことは考えていませんでした。そうできたのは、妻のおかげです。

昔から、自分で小さな新刊書店をやりたいという夢はありました。しかし、現実には難しい。本屋で独立と考えたとき、古書店、または雑貨と古書を中心とした店にならざるをえません。それはそれで一つの表現ですし、面白い店はたくさんあります。でも私は、どうにか新刊書店ができないかと思っていました。新刊の中で十何年も働いてきて、著者や編集者が

＊久禮亮太さん
２００２年に株式会社あゆみＢＯＯＫＳ入社。２０１０年より同社小石川店店長を務め、２０１５年１月退社。現在は、久禮書店「ＫＵＲＥＢＯＯＫＳ」の屋号のもと、フリーランス書店員として活動中。新刊書店やブック・カフェなどの選書、フェア企画、書店業務の指導などを担当するかたわら、無店舗出張書店を開始。

久禮亮太さん

その時々に世に問いたいと思う本と私自身が同調し、それらを組み合わせて店作りをしていくのが好きなんです。

そして、「さて、今、僕に何ができるかな」と思ったときに、自分のこれまでの経験や今提供できる技能を使ってくださる所に、自分が出掛けていこうと思いました。その考えを話してまわっていると、「ちょうどそういう人を求めているよ」とある出版社の営業の方から紹介があり、初めてのフリーランス書店員の仕事が始まりました。

それは、東京の昭島市にあるマルベリーフィールドというブックカフェです。青梅線の昭島駅の一つ手前の中神駅のロータリーからすぐにあります。日販帳合の新刊書店で、書店が半分、カフェがもう半分という業態です。

オーナーの勝澤光さんのお父さんが中神で創業したときは普通の書店でしたが、脱サラをして後を継いだ光さんは、「書店って何てもうからないんだ。困ったぞ」という現実を感じて、なんとか地元の皆さんに役立って儲かる商売と本屋を続けることを両立しようとご自分なりに模索した結果、こうなったそうです。

勝澤さんのよくお話しされる逸話の一つに「春樹事件」があります。書店業界に入って間もない勝澤さんは、村上春樹の『1Q84』発売と聞いて、当然大量入荷してドンと売るつもりで平台を大きく空けて発売日を迎えたのに、配本が1冊しかなかった。「あきらかに売れる本なのに1冊しか来ない、この現状は何だ」と憤っていたところに、親戚の人に「うちの竹藪をきれいにしてくれたら、抜いたタケノコはタダであげる」と頼まれたんです。採れたタケノコを空けた平台にドンと置いたら、パッと売り切れ(笑)。お客さんから「今度入るのはいつですか」と聞かれるほどだったそうです。そのシーズンに売ったタケノコの粗利を書籍に換算すると、ハードカバーで４００冊分になったとか（笑）。

そんなにニーズも儲けもあるならいけるのではということで、地元の野菜を扱い始めて、だんだんと卵やパンなどの質にこだわった食料品に広げていったんです。そうすると、売れ残りも出てきて、それを解決しなくてはいけなくなる。

一方で、気軽に本に親しめるという書店の役割も続けたいという思いもある。じゃあカフェにすれば、食材は余さず調理できるし、ゆっくり本も選んでもらえる。駅前に座れる喫茶店も他にない。こうしてよろず屋としてニーズに合わせてどんどん変化しました。ただ、手間のかかる飲食業だけに、書棚を触る時間が取れなくなってきたそうです。

そんな中で私に「ちょっと面白い棚を作ってよ」という話をくれたので、飛び付きました。店内（**写真３**）には、L字形の二つの壁面いっぱいに書棚があって、その半分、冊数でいうと約６００冊分を、「ここを好きに使って、店にマッチした格好いい棚を作ってよ。あとは好きにやっていいよ」という感じで依頼をいただきました。本に関するフリーランスの仕事というと、いわゆる「ブックコーディネーター」という肩書きをよく耳にすると思います。レストランや洋服屋さん、病院など、人の集まる様々な場所に合わせて本を選び、雰囲気を作って話題にもなるような面白い棚作りをするというような仕事だと思います。

ただ、正直に申し上げると、先行するブックコーディネーターの方々のように、作家性というか、「俺のセレクト」と言えるセンスや自信は、私にはありません。書店員の感覚からすると、自分のセレクトをまず提案してみたあと、お客さんが

写真３　マルベリーフィールドのセレクト棚

写真４　バーゲンブックコーナー

それをどう壊してくれるかに期待しているんです。

買ってくれたものと買ってもらえなかったものを客観的に捉えて、謙虚に棚を変えていくとか、売れるものを売れるタイミングで揃えて、時期を捉えて返品する。そういう売るための実務が私の領分だと思っていて、そういう経験や技能の部分を、会社を離れてやる仕事をフリーランス書店員と呼んでいます。継続的に棚の新陳代謝に付き合うことが大切だと思っているので、マルベリーさんにもできるだけ通っています。ただ、一つの店に常駐することなく、どこまで正しく観察してタイムリーに手当てできるか、場合によっては店の外から関われるかというのは難しい課題です。

マルベリーさんでも、洋書絵本のバーゲン本を扱っています（**写真4**）。神保町にある八木書店という問屋から私の資金で仕入れて、マルベリーさんに卸して販売してもらっています。これが結構売れていて、新刊書店でもバーゲン・セールがあっていいじゃないかという思いは強まっています。書店が取って付けたような文具売り場や喫茶コーナーを作って粗利の高い商売を目指したり、体良く書籍の在庫を落とすことがありますが、書籍にこだわった品ぞろえの中で利益率を高めるためには、多くの新刊書店が取り組むべきだと思っています。

他のお店のサポート業務をやりながらも、自分自身で仕入れた本を売りたい、店をやりたいなあとは思います。でも現実も考えないといけない。新刊書籍の粗利は2割強で、家賃と人件費でほとんど取られてしまいます。そもそも、開業資金なんてまるで貯めてないです。

今できることは、出張販売です。訪問先のお店やお客さんに合わせたジャンルや好みの書籍を持ち込んでそこを〝一日本屋〟にするんです。いろんなお店に間借りする機会をいただければ、その次には、ほんの1本の書棚でもいいから常設でお店に置かせてもらえないかと思っています。そういうサテライトのミニ書店たちの元締め的な役割で、私が面倒を見るというイメージです。それを、とりあえず「あちこち書店」と呼んでいます。

その思いつきの第一弾がこれです。**写真5**は、私の住んでいる武蔵小山にあるキッズ・カフェの「出張本屋さん」です。この店は、子どもたちは遊具スペースで遊ばせておいて、お父さん・お母さんたちはカフェスペースでおしゃべりするなり、ゆっくり過ごすなりという店で、私も娘とよく行く店です。

本当に思いつきで、ここで出張書店をやれば、娘は遊んでいてくれるし本も売れるなあというくらいの考えでした。正直な話、幼稚園の送り迎えなんかで挨拶程度は日常的にしてたんですが、ママ友たちと仲よくなるきっかけが何か欲しかったのです。もう少しママ友ネットワークに入れてほしいと思っていました。

本を仕入れられるという自分の経験を使って、身近なコミュニティの中で役に立ちたいとも思いました。小さな個人的なつながりから、本屋をやり直すのも面白いと思って。特に洋書のバーゲン絵本は、そこらへんの書店ではなかなか売っていないので、喜ばれるかなと思いました。そこ和書の絵本も加えて、出張本屋の第一弾の品ぞろえを決めました。

思いついてすぐ、飛び込み営業しました。私がキッズ・カフェのマネージャーに「お店を出させてほしいんですけど」と頼むと、意外にすんなりOKが出ました。「うちもちょうど、書籍を使ってお店の雰囲気や、場所の価値を高めようと模索していたので、実際に売りに来てくれるのはありがたい。うまくいけば、ブッ

写真５　キッズカフェ店内の「出張本屋さん」とチラシ

クコーディネーターとして、もしくは書籍流通間に立ってくれないか。書籍の販売や流通は素人には複雑で、それがネックになって前に進めなかった」といいます。これからの活動は、そういうコーディネーター役もやってみる必要があると感じました。準備から当日までの過程では、大手取次以外の仕入れルートの発見だとか買い切り仕入れの売れ残り問題だとか、小さな書店をするうえでの可能性や課題など、いろいろな気付きもありました。

これまでの勉強会では、訪問先のお店で実際に売れた書籍のスリップの束を用意してもらって、一緒に読み解いていきました。**写真6**は、私が前職で売上スリップをチェックする中で気になったものを記録として貯めていたものの一部です。面白いまとめ買いの組み合わせや、スリップがきっかけでひらめいたアイディアや連想の軌跡を、いつもスリップ自体にメモ書きしてまとめていました。

先日ご依頼をいただいたのは、リーディングスタイルさんでした。彼らのような、書籍と雑貨とカフェを合わせた複合業態でも、「新刊書店で長年培われたスリップの読解手法は、雑貨と書籍の組み合わせにも活かせるヒントがあった」という感想がありました。こういった勉強会は、今後も続けていくつもりで

写真６　本の買われ方の事例（その１）

す。新しい業態の複合書店が、紙のスリップなんて古い方法を面白がってくれるのですが、専業の新刊書店チェーンこそ、もっと属人的な能力や個人の視点を重視するべきだと思います。

現場の若い世代は、大きな組織の中で分業されていたり、流通の仕組みやＰＯＳシステムが整っているために、素朴な書店の面白みや生々しい商売の駆け引きを感じる機会が少ない。ジャンル担当や売上データでは切り分けられない「世界観」みたいなものを作り出すチャンスが奪われているんです。新刊、既刊の区別もジャンルの壁も崩しながら、目の前に実在するお客さんのことを考えながら、ちゃんと商売の利益も考えながら、自由に品ぞろえする。その結果、売れたり売れなかったりする。その結果を受け止めて、返品したり注文したりお客さんと会話したりして、「なんとか書店としてお客さんの役に立てた、楽しんでもらえた、ついでにうちも儲かった」という手応えを感じたい。

本屋の給料なんてどうせ上がらないんだから、せめて手応えというか、将来につながる本屋の根っこみたいなものを手に入れたいじゃないですか。でも、チェーン・ストア的な断片化された作業に追われる毎日には、そういうことをじっくり学ぶ機会がありません。私自身も、現場で後輩とじっくり教えたり学んだりしあえたかというと、十分じゃなかった。そんな毎日では、書店そのものの魅力というか、わざわざ来店するほどの面白さを生み出せない。逆に言うと、一つ二つのオシャレなブック・カフェをやるよりも、いや、それも大事に思ってるんですが、そこかしこにある普通のチェーン書店がみんなちょっとずつ面白くなる手伝いをしたいとも思っています。会社の外に出ちゃった今だからこそ、新刊書店の現場のみんなと、会社の枠を越えて、本屋の仕事の根っこを考え直したいんです。これから自分がすべき仕事の大事な軸は、これだと思います。

今ちょうど取り掛かっている仕事があります。神楽坂モノガタリ[*]という店を準備していま す。新刊書店とカフェを合わせた業態で、8月お盆明けのオープンを目指して、進行中です。神楽坂駅には、矢来町出口周辺には、かもめブックスさんや新潮社さんのｌａｋａｇｕなど、書籍を新しい提案で売る先輩方のお店がすでにあるのですが、私たちはその反対側、飯田橋寄りの神楽坂口を地上に上がってすぐの早稲田通り沿いに出店します。ガラス張りのビルの2階部分が店舗です。このお店は、製本会社のフォーネット社の新規事業で、同社は出版や電子書籍事業などいろいろやっていますが、こういう小売の客商売の店舗は初めてだそうです。そこで、私は選書だけではなく、書店実務や小売のノウハウを提供する役割で参加しています。選書から毎日の書店業務までを受託するというのが、私が「フリーランス書店員」と呼ぶ仕事の特徴かなと思います。こういう働き方をしています。

松井——ありがとうございます。ここからは、パネルディスカッション「本との出会いを求めて」ということで、自由討論にしたいと思います。

パネルディスカッション——本との出会いを求めて

仲俣——久禮さんに質問したいんですが、「フリーランス書店員」と名乗るのは常設店舗がある場合で、「あちこち書店」はポップアップ書店みたいな感じの、期間限定の店という区別でいいですか？

＊神楽坂モノガタリ
当シンポジウム開催時は準備中だったが、その後２０１５年９月に神楽坂駅前に新刊書店「本のにほひのしない本屋 神楽坂モノガタリ」を開店。「ハンドドリップのスペシャルティ・コーヒーやお酒を楽しみながら、本と出会うためのゆっくりとした時間を過ごせるお店」として、近年ではトークイベント等も頻繁に開催されている。

久禮——明確な違いは……そうですね、私自身が主体になって、無店舗でやりたいようにやるのが「あちこち書店」で、仕入や実務の面でお客さんの店に入って働くのが「フリーランス書店員」という位置づけです。

仲俣——要するに、久禮さん度が高いのが「あちこち書店」で、「フリーランス書店員」という場合は、クライアントのニーズに応えていく、ということですか？

久禮——そうですね。やはり、先方の意向にいかに貢献できるかということがあります。

仲俣——なるほど、よくわかりました。編集の場合も、自分が立てた企画で作る場合と、クライアントのニーズにあわせて一緒に作っていく場合があります。もともと出版業界では、作家やライターやデザイナーといった作り手をアウトソーシングして、社内には固定の人員を抱えずにやってきた。また編集者もフリーランスで外注するケースも増えている。書店業界においても、久禮さんみたいな働き方に合理性があるなら、これからは書店員がみんなフリーになってもいい（笑）。そうすれば、すぐれた書店員がもつ属人的な経験知がすごくいいかたちで社会に還元されていくのではないか。そう思って、とても面白くこれまでのお話を伺っていました。へんな質問をしたせいで、今回のテーマとは少しずれてしまったかもしれませんが。では、どこから行きましょうか？

松井——「本との出会い方」というテーマなので、ウェブや広告の話もしたいと思っています。

仲俣――先ほどの久禮さんの話で面白いなと思うのは、「タケノコ」の話です。タケノコは本ではないから、また違う話になってしまうかもしれませんが、読者（お客さん）が本や本屋に対して抱いている期待や、そこでの商品との出会い方について、今日はあらためて見つめ直してみたい。それから、まさに大西さんの仕事に関わりますが、新刊書店の平台や棚以外の場所での「新しい本との出会い方」についてもうかがいたいです。

松井――そうですね。まず、私が問題提起したいのは、今は新聞書評や広告がほとんど読まれなくなってきているという話が実際に事例としても出ているという点です。私は１９８４年生まれで、この業界でずっと仕事をしていますが、先日出版社に入社した時に、出版社の新入社員研修会を受ける機会がありました。ここよりも広い会場で、１５０人ぐらいの新入社員がいましたが、講師が、「新聞を毎日読んでいますか」と聞いたら、これから出版社に入る22歳の新入社員は、３割ぐらいしか読んでいませんでした。そういう話が一つの事例としてあります。では、どこでそういう情報を見ているのかというと、ＳＮＳやウェブサイトだと思います。そういう意味では、ブクログは、それに近い存在になっている気がします。ブクログに載っている本の情報や、広告に近いような記事は、これからみんなが本を見るときの新しいポイントになっていくと思いますが。

大西――全体的にそういう傾向は強いと思います。新聞広告に関わる広告代理店の方と話し

松井祐輔さん

＊松井祐輔さん
出版取次会社勤務ののち、２０１３年７月に退職し、２０１４年３月に「人」と「本屋」のインタビュー誌『ＨＡＢ（ハブ）』を創刊。２０１４年４月、東京虎ノ門にあるコミュニティスペース「リトルトーキョー」内に、働き方の総合書店「小屋ＢＯＯＫＳ」をオープン。

たときにも、出版社も、どちらかというとツイッターやフェイスブックなどのネット広告にシフトしているという話を伺いました。弊社は、ビジネスモデルとしては各種書店に送客することでアフィリエイト収入を得るというところもありますが、それ以外は純広告で、本のプロモーションをユーザー向けに伝えています。2011年に私が入ったときから比べると、自分としては増えてきているという感覚があります。

ただ、出版社の広告予算は、今でもどちらかというとマス媒体のほうを前提として組まれているので、ネットのほうで何とかしたいというのがあっても、なかなか予算が割けない、あるいは試しにやってみてもうまくいかなかったからやめてしまった、なんて話を聞きます。

新聞を読んでいる人がいっぱいいいた時代は、新聞広告も効いていたんでしょうが、それが本当にどれぐらい効いていたのかは測定しづらく、結構曖昧な部分もあったと思います。一方で、ウェブでは何人がその広告を見て、何人がクリックして買ったかまでが見えてしまうので、マス媒体と同じ感覚でネット広告を考え続けていると難しいと思います。

逆にツイッターやフェイスブックの広告の場合は、最終的には購買がゴールではなく、エンゲージメントを評価基準にして出稿して、例えばどれだけの人がフォローしてくれたかとか、コンテンツを見てもらえたかというところで効果測定をしている人がいるという話を聞きました。その辺は、出稿側の意識も変わってきている部分があるという気がしています。

いずれにしても、広告を出せば、すぐに売れるという時代ではありません。ただ、これは一般の生活消費財でも起きている話なので、決して本だけの話ではないと思います。

仲俣――本との出会い方にはいろいろある。書店に行って直接的に本に接して、「どれを買

第3分科会会場風景

おうかな…」というときもあれば、面白そうな本が出ていることをネットやメディアを介して知ることもありますね。東京に住んでいれば、ターミナル駅の近くには大型書店があるから、会社勤めの人は行き帰りにそこに足を運ぶかもしれない。でもそういう人も、電車で移動中は、買った本ではなくてスマホの画面を見てたりする（笑）。つまり、現実的に情報の流れはインターネットのほうにシフトしてきているわけです。

大西さんの話で面白いと思ったのは、テレビの影響力はまだ強いからそれには負けるけれど、新聞と雑誌とインターネットとを比べたら、人々の注意や関心（アテンション）が向かう場所は、圧倒的にインターネットになっている。にもかかわらず、出版社の広告は、あいかわらずかなりの予算が新聞広告に割かれている、と。現実的に考えれば、いま紙媒体に出しているぶんの半分くらいは、ネット広告に振り向けてもいいんじゃないか。

でも、じゃあネットに広告を出すとしても、具体的にどこにどう出せばいいのか。そのあたりが手法として未確立なんだな、との印象を受けました。それはある意味、ブクログさんからすると、まさにウエルカムな状況ですよね（笑）。出版社に広告を出させる場合、大西さんはどのようにして説得するのですか。

大西——そうですね、一つは、出版社もウェブのほうで何かやらなきゃいけないよね、という課題を持っているので、まずは一緒にやってみましょうという言い方をすることもあります。あとは、マス広告の場合は見る人を特にセグメントすることができませんが、弊社の場合は、例えば、この本の読者向けに宣伝する場合は、セグメントを切って、例えば1万人限定で出したりします。そういう点がブクログの強みなので、そういう広告宣伝をやりませんかという話をしています。最近勧めているのはスマートニュースです。スマートニュースは、世界で2000万ダウンロードぐらいされているニュースアプリですが、その中に「読書チャンネル」があって、登録者数が十数万人います。本の情報を掲載すること自体は無償でできるので、今、出版社が数多く参加しています。たくさんの人が読む場所に無償で本の情報を提供できるので、これは活用したほうがいいのではないかという気がします。

仲俣――そこで問題なのが、ブクログなどネット上で本の情報を見た人が、「この本を読みたい」と思ったときに、どこで買うかということです。

大西――そうです。当然、アマゾンになるんですよね。弊社のユーザーでもリアル書店で本を買う方はいますが、現実的には、その多くはアマゾンになります。

仲俣――先ほどの久禮さんの話のように、リアル書店は必ず、どこか具体的な場所にある。その書店が存在しているコミュニティーとの関係の中で、たとえばそれが都会なのか、地方都市なのか、それとも別の場所なのか、ということによって、大きな違いが出てきます。

たとえば、北海道の日高支庁に浦河町という所があります。ここは札幌から車でも4時間ぐらいかかる、森進一の歌で有名な襟裳岬のちょっと手前にある人口1万2000人ぐらいの小さな町です。この町には、『マガジン航』の仕事で知り合った若い知人が、「地域おこし協力隊」として赴任しています（注：のちにこの人は町議になりました）。この町には、新刊書店がついになくなってしまった。そういう町で、どうしたら新刊書店を復活させられるか。そこで彼は、ある場所を使って、6畳一間の六畳書房*というものを立ち上げた。その過程を私はネットで遠くから見ていただけなのですが、この町でのトークイベントにお招きいただく機会がありました。そのとき、札幌で惜しくも閉店してしまったくすみ書房*の久住邦晴さんも来ていて、彼にいろいろなアドバイスをしていました。もちろん、こんな小さな町では専門書店はできない。週に1日だけ店を開けて、そこでいろいろな人の知恵を借りて選書して置いていく、というのが当初の方針だそうです。

その町のトークイベントの会場で、聞きにきていたお客さんに、「普段、どこで本を買いますか」と聞いたら、札幌まで車で行ったついでに買うか、やはりアマゾンになってしまう、とのことでした。ただし、子育て中の若い家族が多いので、子ども向けの本のニーズは多い。久住さんが、特設書店のために絵本などを持ってくると、1日でパーッと売れてしまうということでした。

そういう、地域コミュニティーごとのニーズの中で、求められる本は違ってくるのではないか。お母さんに向けた本や、小さな子供に向けた本と、地元の書店で買わなくても、ネット書店で自分が求める本が買えるお客さんが欲しがる本はまったく違う。そういうことが、とても分かりました。

もう一つ、このあいだ福井県福井市に行く機会もありました。福井には文学館や文書館と一緒になった素晴らしい県立図書館があり、そこで本に関わるシンポジウムが行われたので取材に行ったのです。会場には熱心な聴衆がたくさん来て、そのなかには若い人もかなりいました。裏方として行ったにもかかわらず、会場で声をかけてくれた人がいて、私の本の読者だというんです。とても感激したのですが、どこで私の本を買ってくれたのかと聞いたら、

＊六畳書房

2014年に北海道浦河郡浦河町に武藤拓也氏が中心となってオープン。出資者が「一口店長」となり自分の選んだ本を一冊並べることができるクラウドファンディング型の書店として注目を集めた。100人以上の出資を集めた。2016年6月現在は不定期営業となり、一口店長の出資も中止。

＊くすみ書房

1946年より札幌市内で街の本屋として運営。「なぜだ!?売れない文庫フェア」「中学生はこれを読め！」など一風変わった店頭企画などで注目を集めるも、売上減少に伴い資金繰りが悪化。クラウドファンディングによる資金支援等を募るものの、業績不振を抜け出すことができず、2015年6月に惜しまれつつ閉店。

やはりアマゾンだといっていました。

「本と出会う」というとき、「本の存在をどこで知るのか」と「その本をどこの書店で買うのか」は別の話なんですね。当然、どの本屋さんも「ぜひ、うちの書店で買ってほしい」ということになるわけです（笑）。

このあたりを久禮さんはどう思われますか？　東京の、とてもいい棚がある書店に行って、2500円の面白そうな本を見付けたとします。でも買う前に、ちょっと一休みしようと、その本屋のカフェコーナーで休憩しているときに、ふとスマホをみてアマゾンで調べると、同じ本が古書で「美品800円」で出てたりする。そうなると、新刊を2500円で買うのはやめて、その場でネット購入してしまったりする。正直な話、私自身、そういうことが何度かありました。

いい本を選び、その本屋を訪れてくれる読者やコミュニティとマッチさせていくということと、現実にその本を自分の店で買わせることとの間には、やはりワンクッションある。そのあたりで何か工夫していることや、考えていることがあれば伺いたいです。

久禮――私は今、自分が表現できる店舗を持っていないので、前職での経験から話をしたいと思います。もちろん、私もアマゾンでよく買います。フリーになって、家にいることが多いですから、内容がだいたい分かっている本や目的がはっきりしている探し物の場合は便利です。買う側として、普通にそう思います。
あゆみBOOKSのときも、ウェブの便利さは実感していました。なので、平台を作るときに日々意識していたのは、お客様の買う気をどんどんあおっていくことです。お客さんが書店にふらっと入り、メイン平台を見て、棚の間をぐるっと回遊している中で、気になっていた本や未知の面白そうな本があれこれ組み合わさって、目に付いてくる。その買う気をトーンダウンさせないようにすることを意識していました。最初に平台でバーンと、「ここはちょっと面白いけど、結構高いな。どうしようかな」と思わせます。そして、「あれも欲しいし、これも欲しい。いや、ちょっと冷静になろう」と思って奥に来たときに、そこで冷静になられないように、そちらでも「わっしょい、わっしょい」とします（笑）。そうすると、棚の間をぐるぐるするだけで結構面白くなってきて、「全部は買えないけど、ここに来た記念にせめて1冊は何か買うか」という気分になるんじゃないかと。もちろん全部買ってくれれば嬉しいです。だから、売れ筋の単品をかき集めて積むだけじゃなく、単品ごとのつながりを工夫して、何かを買いたくてしょうがない場所の力を作ろうとしています。

仲俣――なるほど。今の話を聞くと、久禮さんは、あゆみＢＯＯＫＳでのそういった経験を生かせる場所を、社会の中で見つけようとしているんですね。本来ならば、自分の店をかまえて行うのが理想なのかもしれませんが。

久禮――そうですね。私自身は何も変わっていません。勤め方は、自分の生活スタイルに合わせて変えましたが、本を売る場を作りたいということ自体、その表現をいろいろな場所に分解して切り分けたとしても、考えている手法などは一緒です。

仲俣――ところで、本をいろいろ物色しているうちに気分が高揚して、気が付けば山ほど買ってしまった、ということを私が最初に経験したのは、もしかしたらアマゾンでのことかもしれません。夜中にアマゾンを、しかもお酒を飲みながら見たりしていると、欲しいものがどんどん出てくる。しかもネットで購入したことをすっかり忘れていると、何日かして、ドサッと大きな段ボールが家に届く（笑）。そういう「本との出会い」もある。

今日、こちらの隣で分科会をやっている柴野京子さんが書いた『書棚と平台―出版流通というメディア』（柴野京子著・弘文堂）という非常に良い本がありますが、この中で、彼女は「購書空間」という言い方をしています。書店は、本を買う空間＝購書空間という「メディア」である、と。しかも本屋という空間は、いわば縁日の夜店みたいなもので、その延長線上にある。書店という「購書空間」は、縁日の夜店をひやかしているときと同様に、なんだか気持ちがハイになる場所なんですね。たしかに、リアル書店にいるときの感覚は、まさにそうだなと思います。

私は、東京の下北沢という町に長いこと住んでいますが、ここ十数年で「町の本屋」みたいな小さな書店はどんどん潰れていきました。ところが、数年前にブックコーディネーターの内沼晋太郎さんが博報堂ケトルの嶋浩一郎さんと一緒に「本屋Ｂ＆Ｂ」という店を開店した。私はそこから近くに住んでいるので、とくに用がなくてもフラッとよく行きます。幸い、あそこは本を買わなくてもビールが飲める。ビールは本より利益率がいいので、５００円で1杯飲めば、５００円の本を1冊買うよりも、店に貢献したことになる。

しかも、お酒を飲むと脇が甘くなり、本は買わないつもりで行ったのに、気が付けば何となく何かを買ってしまったりする。「Ｂ＆Ｂ」は非常に上手に、そのあたりの演出をしています。

別にお酒を飲むだけが高揚感ではないけれど、高揚感というのは、本を売る上でとてもいい武器だと思います。大西さんのところでは、なにか「高揚感的な仕掛け」はありますか。

大西――ブクログの場合は、そこまで高揚感をあおるような仕掛けはありません。どちらかというと、「食べログ」とか「価格.ｃｏｍ」のような、比較サイトや購入サイトのようなものとして機能している部分があると思います。

しかし、本当は、そういう高揚感を出すところをやりたいと思っています。例えば、指定の本を見に来たときに、レコメンドで、「その本を読んでいる人は、こういう本も楽しく見ていますよ」みたいなものをロジック的に出せればいいなと考えていますが、そこは結構大変だということで、手を付けていない領域です。

松井――大西さんと久禮さんの話を聞いて、とても面白いと思ったのは、大西さんが広告の話をしていたときに、この商品を欲しそうな人にターゲットを絞って広告を打つという話をしたあとに、久禮さんは書店の店頭では、いろいろな所でいろいろな商品を空間で攻めていって最終的に何か1冊買わせるみたいな……、ピンポイントで攻めるところと面で攻めるところで、リアル書店とネットの立場の違いが少し見えたと思います。そこは、お互いにクロスオーバーさせていくようなことが何かないのかと思います。

仲俣――お二人に聞いてみたいことですが、例えば、どんなに大きな書店でも平台を外れてしまって棚差しになってしまった本は、読者となかなか出会えなくなる。リアルな本屋さんの顔となるのは、やはり新刊が置いてあるような入り口の島か、レジ前ということになる。要は、本を「面」としてどう見せるかということですよね。

ブクログも含めてネット上の本棚は、表紙がいわば「面陳」の状態で、平面的に並んでいる。でも、まだ工夫はそれだけで、今のところUI*的に使いにくいし、正直な話、購買につなげにくい。面陳だけでなく棚差しもあるリアル書店のほうが、じつは在庫数も圧倒的に多いし、「購書空間」としての高揚感は圧倒的に強い気がします。

それにもかかわらず、リアル書店のほうが現実には弱くなっていて、ネットでのピンポイント的な買い方のほうが普及しているのはなぜなのか。リアル書店には人件費や家賃といった固定費の問題があるけれど、ネット書店にもサーバーの費用や人件費はありますよね。でも、そういったお金のことを抜きにしても、たんに「購書空間」や「本と出会う場所」としての魅力の意味で、ネットとリアル書店の違いを伺いたいと思います。お互いに嫉妬心があるかもしれませんが（笑）。

大西――ネット側で言うと、極論をいえば、無限に場所を作れます。制限がないからこそ、何を基準に出していくかが難しく、かつデジタルな世界なのでファジーではできないものです。だから、リアル書店のほうが、ファジーな感じでいられて、かつ場所の制限があるから何冊しか置けないとか決まるので、そこはリアル書店がうらやましいです。

久禮――多分、場所の制約がないことの問題とか難しさ、無限に平積みできることの難しさは、２００坪以上あるような、チェーン展開している書店でも同じ悩みがあると思います。

＊UI
ユーザー・インターフェースの略。コンピュータを扱うときに、利用者が情報を受け取ったりプログラムを操作したりするときに使用する仕組み全般を指す。誰もが情報機器に接する機会が増える中で、より直観的にわかりやすく操作しやすい仕組みが求められている。

結局、膨大な棚と平台に、とりあえず、規則正しく置かないといけない。誰でも探しやすいように、あまり冒険せずにちゃんと置いておかなければいけない。

逆に、そういう作業なら誰でもできます。棚の番地に従って本を補充していけば良いというオペレーションがチェーン・ストアの規模や出店を支えています。ただそのやり方はただの作業であって、目の前のお客さんを誘惑する「本屋の仕事」ではない気がします。

売り場がものすごく広い店なら、ショップ・イン・ショップといったかたちで、売り場の中に小さな凝縮した面白い店を内包するのはどうだろうかと、よく思います。たとえば丸善の中に松丸本舗*があったような関係性が、今でも受け継がれていてもいいだろうと思います。別に松岡正剛みたいな超人になれという意味ではなくて、「本屋の入れ子構造」は真似すべきということです。他にはふじみ野のリブロとリーディングスタイルの関係みたいなものが一つの店の中で実現されていたらいいのにとも思います。この2店舗は、ららぽーとというショッピング・モールの中で同フロアにある競合他社同士ですが、競合しつつ、補完しあっている不思議な関係です。アイディアも出し合える人間関係で、どちらから出た企画でも、よりふさわしい方の店舗に場所を構えて、協力して実現を目指すという。

書店の現場について語られるとき、業界の先行きも暗くて仕事もキツいという切り口ばかりが目に付きますが、自分たちで仕事をもっと面白くしている人はまだまだいます。給料以外のやりがいとか、お客さんに主体的にアプローチしてコミュニケーションを生むとか、目先の売上だけじゃなく、もっと先までお客さんの期待を繋いでいく工夫とか、そういうリアルな本屋の魅力を作る仕事をしている人が、今もいます。彼らの仕事がもっと共有されるように、私も何かできないかと思います。

＊松丸本舗
丸善丸の内本店内に2009年にオープンしたセレクト書店。編集工学研究所長の松岡正剛氏がプロデュースした5万冊におよぶ独自の品揃えと陳列手法などが話題を呼んだが、2012年9月に閉店。

仲俣――逆に、もっとインターネットの技術やＵＩが柔軟な感じになっていけば、リアル店舗を持たなくても、ウェブ上で本を紹介しながら販売手数料を得るというモデルも出てくると思います。ブクログの中で久禮書店をやるみたいなね。遠い先には、そういうのが出てくると思いますが、現状では、久禮さんはそれに魅力を感じないということでしょうか。

それがネット側の表現力の弱さかもしれませんね。「この町でなければいけない」とか、「子ども向けにしなきゃいけない」といった、なんらかの制限のあること自体がクリエイティブだったりするし、そこに来るお客さんの顔が見やすくなる。先ほども少し話していただきましたが、久禮さんは売場作りにおいて、スリップ管理を重視されるんですよね。なぜ過去の人が買ったスリップがデータ以上にマーケティングにつながっているのか。そこは今のテーマにつながる話だと思うので、ぜひ伺いたいと思います。

久禮――毎日、朝から晩まで営業していると、レジで売れるたびに抜きとったスリップが、どんどん貯まります。お一人で何冊もまとめ買いしてくれたら、そのスリップは束にして輪ゴムやホチキスで留めておきます。ジャンルや担当者別など、何も仕分けしないで、ただ貯めておきます。１日が終わり、この束をめくっていくのが楽しいんです。１冊１冊、「なぜ今頃売れたんだ」とか、「この本に惹かれたのは誰のどんな心境からか」とか、てんでバラバラなジャンルのスリップ何枚かに強いつながりを感じて、「おそらく一人のまとめ買いか、そうでなかったとしても、こんな買い方をする人が想像できる」と考えます。時間はかかる作業なんですが、買った人のライフスタイルやライフストーリーを思い描くのは楽しいんです。きれいに並び替えられたＰＯＳデータの画面からではそういった想像力が働きにくい。

先ほども少しご説明した、スリップから見た本の買われ方の事例をもう一つお見せします。**写真7**を見ると、武田百合子について村松友視さんが書いた本、須賀敦子の著作と繋がると、スロー・ライフというか丁寧な暮らしに共感を寄せる女性かなと、普通に想像できます。

仲俣――この中で言うと、どれがキーブックですか。

久禮――この場合には、石風社の『医者は現場でどう考えるか』（ジェローム・グループマン著）がそれです。僕がしつこくずっと売り続けている本なんですが、この本はいろいろな属性のお客さんに訴える力があるので、ロングセラーなんです。ビジネス書のプロフェッショナル論としても読めるし、脳外科医の専門書とも読めるし、生活書として医師の考えを患者が知る本にもなります。この本を軸にして、どういう本が一緒に買われるのかを観察している。そこから、この本の今後の売り方も考えるし、他の本への波及も考える。これまで男性が仕事目線で買うと考えてきたけれど、こうして女性のライフスタイルとして買われた。それなら、最近売れが鈍ってきたことだし、別の本との組み合わせを考えて、生活書の平台にもう一度積み直せば、そっちの人がもっと買うかもしれないと、仮説を立て

写真７　本の買われ方の事例（その２）

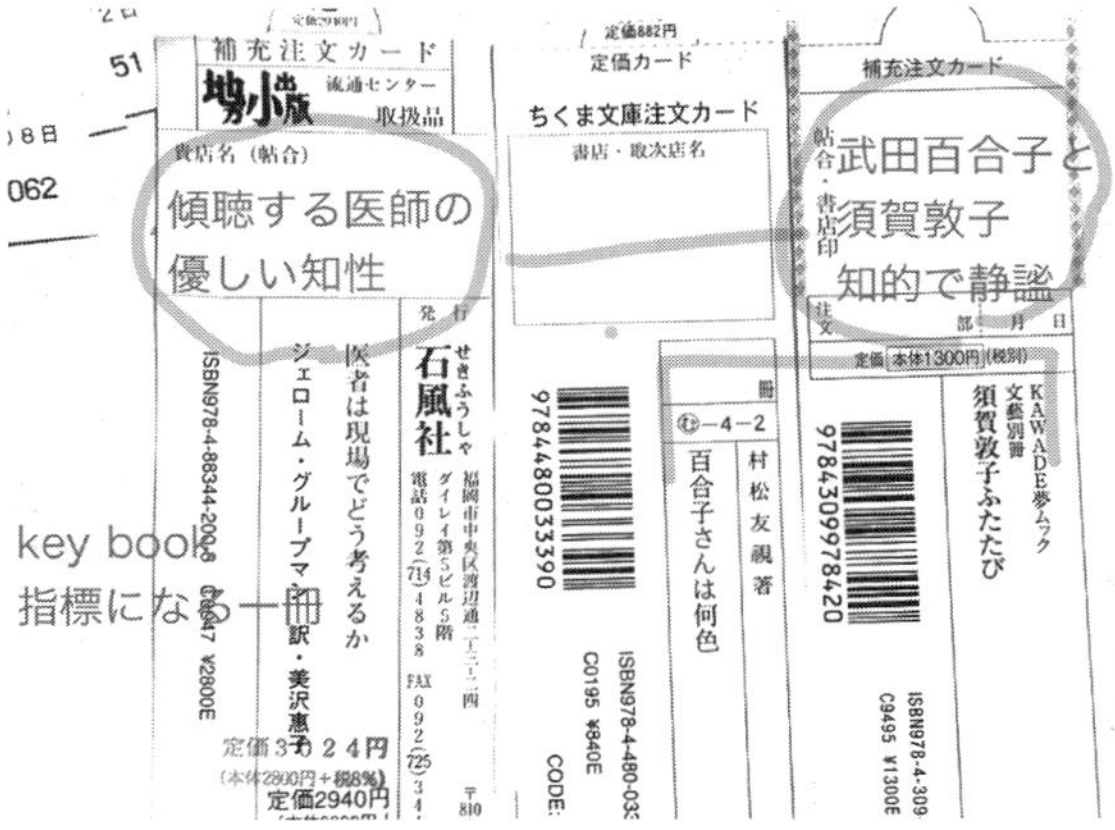

るんです。

この本を買ったであろう女性……女性かどうかは分かりませんが、好みや関心の近いお客さんは、他に何人も来ているはず。お客さん代表として典型的な人物を何人か想定していて、「これに似た人は、まだまだいるぞ。そこを掘るぞ」という作業です。

仲俣――どんな顔の人か、というイメージまで思い浮かべてますね（笑）。

久禮――「いつも来ているあの人」という実在する人物の場合もあるし、「山の手マダム」とか「外資系イクメン」とか、架空の人物に何となくあだ名を付けてイメージしている場合もあります。

仲俣――お店に本を置いてもらったら、その本をお客さんがどう発見して選んだのか、そのログがわかるようにスリップをちゃんととっておいてもらう。そのログを久禮さんが分析して、また本屋の品揃えにフィードバックして生かしていく、という作業を絶えず繰り返している、と言うことですね。

久禮――そうです。書店の品ぞろえは、視点の多様さと新陳代謝が大切だと思っています。もちろん、私が売りたくて意図的に派手に積んだ本もありますし、自分の関心でテーマを決めてセレクトした棚もあります。でも、そればかりだと押し付けがましい。かといって、全国ランキング上位の売れ筋が整列しているだけでは、「あれもこれも買いたい」という面白さは表現できない。そこで、こちらが売りたい本を買ってくれた人が他に何を買ったかを知って、その人の視点を組み合わせて多様性を持つことは大事なんです。

一方で、いちど作り上げた棚や平台が継続的に売れていくか、うまく変化していけるか、新陳代謝していけるかという問題が必ずあります。自分の選書に寄せたセレクト・ショップでは、継続的に売れる棚を維持するほどのアイディアを出し続けるのは結構しんどい。そこで、スリップや接客から反応をどんどん取り込みつつ、お客さんに「これは私のために用意されたような品ぞろえね」と何となく感じてもらえるような店にしていきます。

仲俣――アマゾンをはじめとするネット書店は、購買行動の履歴をシステム的に分析し、その人に最適な品揃えを表現する。久禮さんはそれを手作業と経験値でやっている。でも、それは誰にでもできるものではありません。さきほど言われた、「属人的」なものとして高めていきたい、ということにつながる仕事だという気がします。

久禮――スリップと品ぞろえの手法は、属人的ではあっても難しいことではないと思います。「店の中で、もっと積極的に表現していいんだ」と現場を後押しして、「お客さんの役に立てたんだ」という手応えを確認する仕組みを確保すれば、誰でもできるはずです。

松井――今までの話を踏まえながら整理すると、ウェブ上では無制限だからこそ、魅せるにはある程度テーマを絞ったほうがいいという話が大西さんからあって、逆に久禮さんは、あゆみBOOKSみたいなリアル店舗があって、そこでの売場作りの話をされました。しかし、それこそ久禮さんのノウハウを活かした「ＫＵＲＥＢＯＯＫＳ」みたいなものは、別にウェブ上でも作ろうと思えば作れるわけじゃないですか。久禮さんがスリップでやっていたような、情報を集めてピンポイントで差し出す方法は、いわゆるマーケティングのやり方だから、ウェブのほうが本来得意なはずです。そこは大西さん、どう思いますか。

大西——多分、実現はできると思いますが、そこに対してどのように人に来てもらうかという集客の問題があります。ネットの場合でいうと、サーバを借りるなどの固定費はすごく安いです。ただ、場所を借りるのが安くても、そもそも人を呼ばないとまったく誰も来ないので、広告費がかかります。宣伝しなくても来てくれるのが理想ですが、そうでない場合が往々にしてあります。ですから、つくることはできますが、そういう部分はすごく難しいです。

仲俣——京都の恵文社一乗寺店[*]に行く機会があって、店主の堀部さんと話したのですが、あのお店がイベントスペースを増やしたり、やや本の置き方に余裕があっておしゃれな雰囲気を醸し出せているのは、結局のところ、東京の都心に比べると家賃が安いからなんですよね。家賃がある程度まで安くて、しかも複数の大学が近くにある。地元の街にもお客さんがいて、「個性派書店詣で」みたいなかたちで、遠方から観光客も来る。じつはあのお店も、そういう具体的な条件のなかで成り立っている。

久禮さんがやっておられる店は、今のところは既存のスペースがあるわけだから、そこに来る人も、ある程度決まっている。新たに場所を作り、そこに人を呼び込むにはどうしたらよいか、そのあたりでの工夫はありますか。

＊恵文社一乗寺店
京都市左京区に店をかまえる「本にまつわるあれこれのセレクトショップ」。新刊、古書から雑貨まで独特の個性による品ぞろえが人気となり、英紙ガーディアンの「世界で一番素晴らしい本屋」10店にも挙げられた。なお、同店で長年店長を務めた堀部篤史氏は、独立して新たな書店「誠光社」を2015年11月にオープンした。

久禮――それは、私が自分の店を立ち上げて実績を積まなければ、まだわかりません。家賃が高い都心では、同世代を見渡しても、古書店主はいても、新刊書店ではまだ……。私が「あちこち書店」を考えたのも、場所を確保する難しさが理由です。

場所を持っていても、人を呼ぶ工夫は足りてなかったですね。あゆみＢＯＯＫＳ小石川店は、後楽園駅の目の前に10年近くもあって、路面店なんです。そういう店でさえ、十分には認知されていませんでした。徒歩２、３分の所に住んでいるご近所さんにさえ、「え？そんな所に本屋さんがあったっけ」と言われたくらい、興味ない人には知られていない。そういう話に出くわすことが何度もありました。

『目で見る文京区の１００年―写真が語る激動のふるさと―』（郷土出版社）という写真集があります。これは、事前に新聞の折り込みチラシで予約を取って、初版を売り切ってお終いにするというやり方の本なんです。新聞にチラシを出したら、１万円近い本に３００件も予約が入ったんですが、そのうちの半分ぐらいの人に、「お宅はどこにあるんだっけ」と言われました。

仲俣――ずっと地元に住んでおられる人にも、その程度の認知度なんですね。

久禮――そうです。『文京区の１００年』を買いたいという地元のお年寄りなので、当然、地元の人ですが、「どこにあるんだっけ」と言われました。お年寄りのライフスタイルを考えると、分かるような気がします。

仲俣――私は１９８０年代に学生時代を送ったのですが、その頃に書店でアルバイトをした経験があります。一つは東京メトロの東西線行徳駅の下にある山下書店で、もう一つは、神保町の稲垣書店という医学書専門書店でした。いま思うと、あの頃の本屋さんはとても忙しくて、レジに入っているとお客が途絶えることがほとんどなかった。人は本当に、本屋を日常的に使っていたんですね。ただ、現在のあゆみＢＯＯＫＳ小石川店の場合、もし古くから地元に住んでいる人がお店の存在を知らなかったのは、その方々が高齢化していて、行動範囲がとても狭くなっていたり、そもそも出歩く機会が少なくなっているという可能性もある。

実際にお店に立っていて、ここ5年とか10年ぐらいのスパンで、お客さんの数がガクッと落ちたという感触はありませんでしたか。

久禮――入店客数自体が落ちている実感はあります。書店に入って本を選ぶという時間の使い方、生活習慣みたいなものが、別のものにシフトしてしまっている感じはします。さらに言えば、買って、読書に没頭する、切り離された時間を確保することが難しいという雰囲気をすごく感じます。

仲俣――でも、その代替として、スマートフォンなどでブクログを見て、本に触れてもらえる機会が増えていれば、本と出会う経験全体としては問題ないような気もします。ブクログさんの場合はどうですか？

大西――ブクログは会員サービスなので、退会する人もいます。退会する理由はいろいろありますが、中でも「生活スタイルが変わって、本が読めなくなったのでやめます」というのが結構多いです。詳細はわかりませんが、例えば、子育てで忙しくなって読まなくなることも当然あるでしょうし、それこそ収入的なこともあります。本1冊は、そこそこ高いじゃないですか。それを毎月2、3冊買うのは苦しいという人もいるような感じに受け取れます。

仲俣——本は買えないけど、他人の書評やレビューだけを見て楽しんでいる人もいるような気がしますが……。

大西——そこは本を読む方の奥ゆかしさなのか何なのか、使わないアカウントをずっと置いておくのが申し訳ないと思う人もいるらしいです。

松井——図らずもですが、ウェブでも広告を打たないと誰にも見てもらえないとか、いい棚、店をつくっても、なかなか書店に来てもらえないとか、そんな話から、最終的には「そもそも多くの人は本を読まないのではないか」という大問題まで行き着いてしまいましたね。

仲俣——景気が良くなれば、また給料が上がればいずれ戻ってきてくれる……と楽観視したいところですが、もっと大きな構造的なことだったら心配ですね。

大西——一つは、都内だけかもしれませんが、電車に乗って、若い人がスマートフォンをやっているのをちらっと見たら、パズドラ（パズル&ドラゴンズ）やモンスト（モンスターストライク）をやっています。ですから、本を読む時間がありません。娯楽が多様な時代になっています。しかし、電車の中には、当然、文庫本を読んでいる女性や男性もいるので、別にゼロになったわけではありませんが、基本的に、人の24時間という時間を取っていかなければいけない競争の中で、存在しているというのは絶対にあると思います。

仲俣――しかし、実際のところ本を読むのは時間がかかるし、心の状態が本を受け入れる気持ちになっていないと、読みたくてもなかなか読めない。読書というのはある種、ぜいたくな時間であって、忙しい中でのんびり本など読んでいたら、他にやることが先にあるだろう、と言われてもしかたない。

これまでは、「いつか、ゆったりした気持ちになったら読もう」と思って本を買うことがありました。あるいは、ゴールデンウィークや夏休みといったまとまった休みには、本を読もうと考える文化があって、そういう人が本の購買層だったと思います。そういう余裕や文化がなくなり、本を買うこと自体、きわめてゆとりのある、一部の人がする行為になってしまった気がします。本を読む人と読まない人の間がくっきり分かれてしまった中で、それでも何かの仕掛けがあれば、月に1冊ぐらいは本を買うという人が、増えてくると思うのです。

大西――バーゲンで買うことは、一つ重要なポイントだと思っています。今しか安くならないとか、いつも買うときよりもいい条件で買えるということになれば、人は、たぶん熱くなります。時限再販*がいいかどうかはよく分かりませんが、例えば、この一週間限定で安く買える、というキャンペーンがあったとしたら「ちょっと読みたくなったな」と思った人は買

＊時限再販
再販商品である書籍・雑誌等を発行より一定期間後に自由価格で販売すること。近年、返品減少、小売りのマージンアップのための手法の一つとして用いられる例が多い。

うと思いますね。

仲俣――これはある程度、本好きな人だけが引っ掛かるのかもしれませんが、書店に行って、自分がかつて見たことがない本が平台にあると、「自分の情報網が足りなくて、こんなにすごい本を見落としていた!」と、暗い気持ちになる(笑)。そうでなくても、平台にこれだけ積んである以上、すごい本なのかもしれない、という単純な反応もあるでしょう。現実的に、自分が手掛けるお店でそういう仕掛けをしていますか。

久禮――私自身が表現できる売り場は、今はマルベリーフィールドの書棚だけなので、マルベリーのお客さんに合わせて、彼らのお目当てのものと、意外な発見になりそうな本、棚の風格になるような本を組み合わせています。

ただ、正直、カフェの中の書籍部門だけに、持てる在庫は多くないので、一般の書店のような売上見込で5冊、10冊平積みしようとか、そこまでの量感では表現できません。でも、長く読まれるべきと思う本は、できるだけ面陳にしています。

松井――今の話は、ここにいる私たちは基本的にいくらでも本を買う人種なんですが、一般的な読者というか、潜在的な読者に対して、「じゃあ、その1冊をどうする」みたいなところが究極的なテーマになると思います。そういったときに、ある個人に対して、もしその1冊を買わせるなら、フラッシュアイデアで構いませんが、「こういうアプローチがある」、あるいは「こういうアプローチをしたな」ということを聞いてみたいと思います。

仲俣――自分の経験からいうと、やはりツイッターやフェイスブックなどのソーシャルメディアは強い。冒頭でお話しした西牟田靖さんの『本で床は抜けるのか』は新聞書評にもたくさん載りましたが、店舗と本の中間をつないでくれる導線は、ソーシャルメディアという新しいタイプの口コミが強かった気がします。

その中には、当然、すごい読書家の人が書いた書評もありますが、本当に普通の生活者レベルで書かれた書評もあるので、「こんな読者にも届いているんだな。すごく良かったな」と感じました。口コミは、店舗に人を連れていってくれたり、たまたま見かけた本を買ってくれるトリガーになっているという感じがします。

大西――口コミはリアルが一番強いと思いますが、ネットの口コミも強いと思うので、もしブクログで1冊の本を売るとしたら、多分、すごく押します。ブクログは、アマゾンから書誌情報などを自動的に取ってきていますが、そのほかは出版社が出している公式な情報しかありません。でも、それだけでは、読者を動かす熱いものはあまりありません。ですから、多分、ブクログスタッフが全員で読んでレビューを書いたり、いろいろSNSで激推しキャンペーンをやったりする必要がある。これは書店がやっているようなプロセスです。

そういうところでしかできないと思っていることが、もう一つあります。例えば、最近はやりの動画メディアとかユーチューバーとかいるじゃないですか。ああいうアプローチで、動画で何か紹介しようかと考えています。今の時代は「みんなが見ているもの」がありません。そこで、いろいろな所にいろいろな球を投げることが重要で、それは有料のものもありますが、ツイッターのアカウントで無料でできるものもあります。ネット側の立場としては、そういう所でいろいろチャレンジしてノウハウをためてやっていくことを考えています。

松井――久禮さんはどうでしょう。私が質問したときに一番険しい顔をしていたので（笑）、難しい質問をしてしまったと思いましたが。

久禮――私は今までオーソドックスな新刊書店が一番だと考えてきて、普通の書店の多くが、普通の仕事を少しずつでも面白く、まともにやれば全体が変わるという意識がありました。その考えはこれからも変わらないんですが、「普通の書店」の定義を洗い直さないと、今のパッケージのままでは、来客は増えないし、利益の出ない構造も変わらない。あちこちでこぢんまりと書棚を展開するのは、たくさんの入り口から、その核になる書店に来てもらう導線作りです。それは、家賃が高い所で小さなお店しか出せなくても、ゲリラ的に売上を稼ぐ意味もあります。

あと、いろんな小売業種に比べて、書店の舞台装置や空間設定がいまいちムードが無い。なので、そういう空間をすでに持っている店舗に柔軟に入り込める方法を模索して学びたいんです。異業種にも本を卸していくことも必要になると、きっと流通の問題になるので、取次の人と話したいですね。

仲俣――このところ、それほど規模が大きくない新刊書店が増えていますよね。例えば、私はまだ行ったことがありませんが、天狼院書店*もそうですし、かもめブックス*も、そんなに大きくはありません。

＊天狼院書店
2013年に三浦崇典氏が東京・池袋にオープン。「READING LIFE―本を通した体験―」をコンセプトに掲げ、イベントやサークル活動等を積極的に行う「新しい本屋」として注目を集める。2015年9月には福岡に2店舗目「福岡天狼院」をオープン。

＊かもめブックス
校正・校閲の鴎来堂を経営する柳下恭平氏が2014年にオープンさせた新刊書店。東京・神楽坂の文鳥堂書店跡地に、カフェやギャラリースペースを併設。独自のテーマ分類に基づいた選書などが人気を博している。

久禮書店の場合も、久禮さんがもっとメディアに露出して「久禮さんがやっているから久禮書店に行ってみよう」と、わざわざ行くというようなマーケティングもあるはず。でも今は、そういうことを志向していないように見える。もちろん、ご自身がいずれやりたい店のイメージもあるでしょうが、いまは日々、依頼された場所やお客さんにあわせて土を肥やしていくようなアプローチをしている。それは、いわゆる個性派書店や新型書店とは少し違うという印象を受けてました。これは私の勝手な想像なので、「いやいや、そんなことはない」ということでしたら言っていただければ（笑）。

久禮――おそらく、選書の依頼をくださったクライアントたちは、おしゃれなブックコーディネーターとして個性的な棚作りを期待しているかもしれませんが、本当は居心地が悪いです。やはり、お客さんと日常的にやりとりできる仕組みというか、回路をどんどん置いて、いろんなお客さんがそれぞれの視点で面白いと感じてくれて買える風通しの良い書棚を、クライアントの満足とのバランスの中で実現していくかの私の一番の関心です。

仲俣――これからも久禮さんと同じような人が、各地に出てくるほうが幸せなわけですね。

久禮――そうです。

松井――今日のテーマは、結論が出る話ではないので、皆さんからいろいろなヒントをいただき、少しでも会場の皆さんに何か気付きを与えられれば、という思いでここまでやってきました。そろそろ時間が押してきていますが、もし会場から質問があればお受けします。

会場質問

会場発言A――新聞社で、現場を含めて出版物の広告を20年ぐらいやっています。今の話を伺っていると、非常に残念ながら新聞書評並びに書籍・雑誌の新聞広告の旗色が悪く、すごく悔しいです。ただ、いいケースもいくつかあります。例えば、去年、名古屋の新聞社と地元書店とで広告企画を組んだときに、ある健康関連の付録が付いたムックが高島屋の中の三省堂書店で一週間に1000部ぐらい売れて、全国で一番売れたというのがあります。いわゆる書籍や雑誌とは違う商材かもしれませんが、それをすることで、恐らく、普段は書店に行かない人が地元の書店に行って買ってくれました。

さっき、「結局、読者はどうするの?」、あるいは「本が売れないときにどうするの?」という話がありましたが、それで言うと、ひょっとすると、マスメディアというか、新聞の力は、まだ少しは読者の皆さんの役に立っているのかもしれないということが一つあります。

そこで、大西さんに伺いたいことがあります。私は、ブクログに詳しくないので申し訳ありませんが、ブクログでは、普段、本を読まない人たち、あるいは書店に行かない人たちに対するアプローチを何かやっているのでしょうか。

さっき久禮さんは、新聞広告のチラシを入れたときに、地元の人でも、そこに書店があることを知らなかったと言われました。そういう人たちに対して、書店は、本を買ってもらうためにウェブや新聞広告を使います。普段、本を買わない人へのアプローチをこれからどう考えていくかについて、もしヒントになることがあったら、あるいは普段考えていることがあったら教えてください。

大西――まず最初に申し上げますが、ブクログで月曜日にランキングを見ると、新聞で紹介された本が結構上に上がっています。そういう意味で、私個人としては、新聞書評は、本を読む人に対しては今もすごく認知されているという感覚があります。

質問をいただいたことについてですが、ブクログは、もともと本を整理するサービスから始まっているので、基本的には本を読む人にしかリーチしていないんですよね。しかし、弊社も商売でやっている関係上、もっと大きくしていかなければいけない。5年、10年先を考えたときに、本を読む人だけを相手にしていたら先細りしていきます。ユーザー層をピラミッドの構造に当てはめて考えると、最上位には1カ月に10冊ぐらい本を読む人がいて、一番下には本をほぼ読まない人、1年に1冊しか読まない人がいます。この一番下の人をピラミッドの上のほうに上げていかなければいけないと考えています。

ただ、紙の書籍をいきなり買わせるのはハードルが高い行為なので、もし本を読まない人にアプローチするとしたら、例えば、本の情報や要約版が読めたり、試し読みができるサイトをやったり、その人が本を読むよりもっと短い時間で何かを得られるようなサービスを提供し、その先で本を買ってもらうという階段を作ります。自分の中には、そういう考えがあります。

松井――まだ時間がありますので、もうお一方、質問をお受けします。では、最後にお願いします。

会場発言B――今日は、ためになる話をどうもありがとうございました。守秘義務で答えられないというのならかまいませんが、久禮さんの選書の仕事に対する利益構造がどうなっているのかということと、ブクログの広告は本当に効くのか、ということを聞きたいです。特に、ブクログの読者に女性が多いということが気になりました。あと一つだけ言うと、ブクログからリアル書店に流れる仕組みを作ればウチの出版社は広告を出します。では、質問の答えをお願いします。

久禮――最初のご質問にお答えしますと、私は関わった事例も少なくて、ケース・バイ・ケースです。例えば、ＢＡＣＨ*さんは選書に対する料金設定が整理されていると聞いていますが、私の場合は仕事の対価の測り方が難しいです。私がある新刊書店に関わって売り上げがアップしても、上がった部分の粗利の中に、私が食べていくために期待するほどのギャラが取れる幅があるかといったら難しいですし、それなりの報酬をいただくためには、書籍の実売以上の価値を提供しないといけない。ただ、そういうブランディングみたいなことに新刊書店がお金をポンと出すこともなかなかないと思います。正直、どう組めばいいかは模索中です。

マルベリーさんは、書籍の増売だけではなくてカフェのブランディングも含めて、価値を認めてくださっていることと、補助金などいろんな財源を駆使して、私の仕事を応援してくださって、業務委託が実現しました。今後も、個別の事例ごとになんとか落としどころを探る感じだと思います。

大西――ブクログは、なぜ女性が多いかということですが、もともとブクログができあがっ

*ＢＡＣＨ（バッハ）
ブックコーディネーターとして幅広い活躍を続ける幅允孝氏が代表を務め、「本にまつわるあらゆることを扱う」ことをコンセプトに、街中の飲食店や観光施設等でのライブラリーづくりや書籍売り場のコーディネート、書籍の編集、本にまつわる展覧会やイベントのプロデュースなどを幅広く手掛ける。

たタイミングでは、日本にはそういうサービスがありませんでした。そのときに、デザインがすごく凝っていたので、最初は7割が女性ユーザーだったらしいです。アイフォンアプリを出してから、今の比率になりました。感覚的には、女性のほうが本を読む時間を持つ機会が多いから、女性ユーザーが多いのかもしれないというのがあります。ほかのサービスと比べて、デザインが比較的良いという評価をもらっており、それで使ってくれているケースもあるので、それもあるのかもしれません。

リアル書店へ誘導する仕組みというところで言うと、二つあります。例えば、日販、トーハンでは、書店で受け取れるサービスがあるんですが、ただ、あまり使われていないという事実があります。ですから、そういう仕組みはあってもその仕組み自体が弱いので、かなり難しいです。

会場発言B——おまけをつけたりすることはありますか?

大西——おまけ。そうです。話は全然違いますが、BL本中心で通販をやっているネット書店があります。店舗も持っているのかな。そこはポストカードなどのおまけをその書店限定で付けたりしており、送料はかかるけど、ファンの間では人気になっていますね。ですから、おまけを付けるのは、もう少し担保すればできると思います。

ほかにアプリでもありますが、リアル書店の在庫を見られるサービスがあれば、多分、それでついていけます。実は、そういう話もあります。今で言うと、大手の丸善&ジュンク堂書店、紀伊國屋書店、一部のTSUTAYAなどは在庫が見えるので、「連携しませんか」という話をもらっていますが、それはどういう人たちと利益供与できるのかと。

会場発言B——ブクログが版元に広告営業をかけるときに武器になるのではないかと思われますか？

大西——そうですよね。連携するのは結構大変ですが、そこは、ぜひやりたいです。取次や書店でも、そういうことをやろうという動きがあるみたいなので、そういう情報がちゃんとそろえば、弊社もやりたいと思っています。

実は、私は、個人的にはネットでは本を全く買いません。書店で買います。アマゾンで頼むと、翌日には届きますが、それが一番早いかというと、そうではありません。書店に行って買うほうが早いです。ですから、そこはやりたいですが、まだまだ整備されていないという意見です。そういう感じです。

松井——有意義なお話をたくさんありがとうございました。そろそろこの会を終わりにします。今日はどうもありがとうございました。（終了）

第4分科会

図書館と書店でひらく本のまち

図書館、書店、地方出版、そして…。知の地域づくりを担うアクターがつながると、まちには何が起きるのか？県民投票で決める「贈りたい本大賞」など、図書館と書店合同で読書イベントをしかける山梨県と、「信州しおじり本の寺子屋」はじめ、ユニークな実践で知られる塩尻市からゲストを迎え、本のまちの広がりを熱く楽しく議論する。

コーディネーター：柴野京子（上智大学／本の学校理事）
パネリスト：伊東直登（塩尻市立図書館）
齊藤秀（山梨県立図書館）
須藤令子（朗月堂）

柴野——第4分科会は「図書館と書店でひらく本のまち」というテーマでお話を伺いたいと思います。最初に、本日のパネリストの方をご紹介します。手前から順に、塩尻市市民交流センター長・塩尻市立図書館長の伊東直登さん、山梨県立図書館副館長の齊藤秀さん、朗月堂代表取締役須藤令子さんです。私は「本の学校」理事の柴野京子と申します。*

最初に若干お時間をいただいて、簡単なご報告をさせていただきたいと思います。今回、山梨県のお二人をお迎えした理由にもなりますが、山梨県では「やまなし読書活動促進事業」という取り組みを、県立図書館と地元の書店が一緒になって進めていらっしゃいます。のちほど、齊藤さんから詳しくご説明があると思いますが、「本の学校」としてもいろいろお話を伺いたいということで、星野副理事長を中心に、しばらく前から交流を続けて参りました。

その一環で、2015年6月に山梨県立図書館の場所をお借りして、「生涯読書のこれからを考える」という、「本の学校」と山梨県立図書館のタイアップ企画をしてきました。作家の椎名誠さんの講演会や、地元の書店に「好きな本のPOPを作ろう」ワークショップ、また河出書房新社の小野寺優さんに、話題になっている文学全集など、本づくりのお話をいただいたり、さらには東京だけではなくて、長野の小布施で出版活動をしていらっしゃる文屋の木下豊さんをお招きして「地域で本を作っていくというのはどういう意味なのか」というお話をしていただきました。

この山梨の取り組みに参画していらっしゃる齊藤さんと須藤さん、それから、お二人の書店さんをお迎えして、星野さんの司会でディスカッションをいたしました。これが1回の表だとすると、今日は、いわば1回の裏みたいな形です。山梨のメンバーで東京に押し寄せようということで、この分科会を開きました。さらにゲストとして、2年前にもこの分科会でご紹介いただき、「本の学校」とはとてもゆかりが深く、甲府と中央本線沿線でつながっている信州・塩尻の塩尻市立図書館から、伊東さんをお招きしたという次第です。甲府でのイベントには、伊東さんも来てくださっています。

最初に、山梨・塩尻の両図書館からそれぞれの取り組みについてご説明をいただき、そののち、ディスカッションということにいたします。今日の狙いとしては、取り組みの面白さ

柴野京子さん

＊柴野京子さん

上智大学文学部新聞学科准教授。早稲田大学卒業後、出版取次会社勤務を経て、2011年、東京大学大学院学際情報学府博士課程単位取得退学。同年、同大学院人文社会系研究科特任助教、2012年より上智大学。2016年5月、NPO法人本の学校副理事長に就任。主著に『書棚と平台』『書物の環境論』（いずれも弘文堂）ほか。

はもちろん、さまざまな課題とか、厳しい話も含めてお話しいただきたいと考えています。すでにもう楽屋裏でかなり盛り上がってしまったのですが、その熱戦の続きを皆さんの前でご披露いただければと思っています。それでは、齊藤さんからどうぞよろしくお願いします。

山梨県立図書館のビジョン

齊藤――山梨県立図書館の副館長をしています齊藤秀*と申します。山梨県立図書館の館長は、作家の阿刀田高が務めています。非常勤ということで、月に二度ほどの勤務になっています。普段は私が所属長という役割で仕事をしています。

今日の話の趣旨ですが、まず県立図書館の取り組みと、今お話がありました「やまなし読書活動促進事業」とはどういうものかについてお話しします。課題については、後半のディスカッションの中でお話をしたいと思っています。

山梨県立図書館は、1970年（昭和45年）にオープンしています。これを旧・図書館と呼びますが、建物の老朽化、所蔵能力を超えた資料があったということで、新しい図書館の整備計画が、2008年（平成20年）に出ています。その中で、館長について、知事の要請で、「ぜひ作家の阿刀田さんにしてほしい」ということで、阿刀田さんが開館前の4月1日から館長を務めています。2012年11月11日に、甲府駅の北口徒歩3分、雨が降っても濡れないで行けるという立地条件の所に新・図書館がオープンしています。

県立図書館の目指しているものは、「誰もが気軽に利用できる施設として県民に親しまれ、県民とともに成長・発展していく県民図書館」というものです。本来、図書館というのは、

＊齊藤秀さん
1956年生まれ。1980年3月青山学院大学文学部日本文学科卒業。同年4月千葉県高等学校国語科教諭採用。1983年4月山梨県高等学校国語科教諭採用。2006年4月管理職登用。2013年4月から2016年3月まで山梨県立図書館副館長。現在、㈱第一学習社・特別顧問として、小論文指導を担当している。
【山梨県立図書館】生涯学習の基盤施設として2012年に新築移転。

齊藤秀さん

「人と本を結ぶ」という大きな仕事があります。それと同時に、図書館にある資料を使う中で、「人と人を結び付け」交流を促す、そういうことを大きいコンセプトにして図書館を運営しています。

写真1が新しい山梨県立図書館の全容です。スペックですが、旧館に比べ２・５倍くらいの大きさで、1万５５５平方メートル、閲覧席が５５０席、蔵書が、今、62万冊ぐらいになっています。会館日数は３００日、駐車場が１５３台分あります。

指定管理制度を導入しています。図書館の「運営方針の策定・資料の収集、保存、貸し出し、返却・レファレンスサービス・市町村立図書館等への支援等・ボランティアの育成・ＮＰＯ法人との協働」などの業務は、教育委員会が行うということで、県の直営で運営していますが、施設管理、貸し部屋、イベントスペース、駐車場などは、指定管理業者が運営するというように業務の棲み分けをしています。

1階には、「交流エリア」と位置付けイベントスペースがあり、多目的ホールです。貸し部屋などイベントスペースには最大限５００人ほどが入れます。完全防音の音楽的なことまで全部できる部屋は大体２００人入れます。そういう部屋が1部屋、10人ぐらいから40人ぐらいまで入れる部屋が6室あり、9時から21時まで開館しています。また、カフェを併設しており、図書館のほうは３００日しか開館しませんが、交流エリアのほうは３４０日開館しています。図書館のほうは、土・日は19時までですが、平日は20時まで開いています。

写真2は、館内1階の交流ルームの様子です。2階にも交流ルームがありますが、ご覧のように貸し部屋がガラスになっていて、外から必ず見えるような構造になっ

写真１　山梨県立図書館の全容

写真２　１階交流ルーム

ています。

写真3は、1階の児童資料コーナーです。真ん中あたりに観覧車が見えますが、なかなか他にはない施設だというふうに思っています。これが2分くらいで1回転します。上のほうは吹き抜けになっています。

写真4は、地下にある書庫です。図書館全体で110万冊の収容能力があります。

1階のイベントスペースは、椅子だけだと497席、机を付けると300席くらいのイベントができます。多目的ホールは、移動する座席を入れて200名ほどです。先ほど話がありました椎名誠さんの講演会は、この多目的ホールで行いました。小さい部屋もご利用いただけます。一番大きくて40人くらい入れます。非常に安い料金でご利用いただけます。

一番大きい所でも、1日使って2万1000円です。先ほどの多目的の部屋、音楽会ができる部屋は、1日借りても7500円くらい、小さい部屋のほうについては、1時間当たり100円から270円ということで、40人で270円掛かるということになると、1人7円くらいで1時間ご利用いただけ、県民から喜ばれています。稼働率は、今のところ、61%強くらいで推移しています。

カフェを併設しています。正面を入ってすぐ左手にカフェが入っています。これは指定管理のほうで契約をして運営しています。

また、自然を考えながらということで、104キロワットが発電できる太陽光パネル、それから、エコウォール、壁面緑化も採り入れています。

写真3　1階児童資料コーナー

写真4　地下書庫

図書館の概要は、職員が今のところ41名で、この中には館長も含まれています。司書資格有者が34名で、この中に阿刀田館長も入っています。館長も作家になる前に国立国会図書館に勤務しておられ司書資格を持っています。図書館の組織構成は、総務課、資料情報課、サービス課という体制で、それぞれに職員が配置されています。

現在、大体62万冊の本があります。蔵書の点数は、約84万点になります。入館者数が、平成26年度は90万５８０１人で、全国第2位になりました。第1位が岡山県です。岡山県が１０５万人くらいでしょうか。岡山県のほうからは、毎年4月になると「どのくらいでしたか」という電話がかかってきます。

というのは、当館は開館1年目で見ると97万８０００人くらい入りました。岡山県はそのときに１０４万人でしたので、もしかすると抜かれるかもしれないということで、もう何度も何度も電話をいただきました。「大丈夫です。絶対に抜くことはありません」という話をしました。なぜかというと、山梨県は人口が83万５０００人しかいません。岡山県の人口は２００万人です。比べようがありませんという話をしています。

人口で入館者を割ると、全国で断トツ1位です。「１・０7」くらいになります。今まで一番だったのが福井県で、「０・８」くらいです。ですので、そこはもう比べ物にならないと思っています。それに比べて、貸し出し点数は低いと思っています。

交流エリアの稼働率が61%強で、1年間でイベントが大体88回で、これは目標を達成していません。開館の折に、1年間で１００回主催・共催事業をするという目標を掲げましたので、平成26年度につきましては、若干イベントが少ない状況です。イベントの参加者だけで見ますと、11万人くらいの方々が来館されています。

入館者が多かった理由ですが、一つには、図書館の基本的なサービスを向上させ、蔵書の拡充、子ども読書センターの設置、ICタグ導入による貸し出しの自動化などを進めたことが挙げられます。二つ目には、交流の場を設け、イベントスペース、交流ルーム等を設置し、誰もが気軽に利用し、交流できる場を提供できたということが大きいと思いますが、それ以上に駅から近くて、本当に3分かかりません。そして、歩道屋根が全部に付いていますので、全然雨に濡れないというのが大きいです。また、山梨は、車社会ですので、駐車場を確保したことが大きいと思っています。

さらに、阿刀田館長を迎えて、いろいろな人が呼べるということが大きいです。大沢在昌さん、浅田次郎さん、藤原正彦さん、皆さん著名な方々が格安で来ていただいています。びっくりするような講演料で著名人に来てもらえる講演会が実施できるという点では、非常に大きいと思っています。

では、本論の読書活動についてですが、これは阿刀田館長の発案です。私どもが聞いたのが平成25年の9月です。館長になって1年半くらいたったところで、阿刀田のほうから、この事業をやりたいという話がありました。それは、作家という立場から、本が売れない、つまり出版不況というところに本当に直面している。その一方、山梨に来てみたら、中心部がシャッター通りになっている。駅前の商店街も含め、すべてが本当にさびれていく中で、元気がない。特に書店が非常に苦しいという状況を見ていました。

図書館の館長としての立場では、読書活動を推進していく事業をしていかなければいけない。同時に、県立図書館の使命として、地域の活性化に寄与するという中で、地元の書店で本を買ってそれを贈るという運動をしたいと表明されました。

もともとは、「やまなし本の日」というような名前で運動をしたかったようですが、「何とかの日」という制定には条例が絡むということを県から言われ、ちょっとその辺で厳しくなって、「やまなし読書活動促進事業」という名前に落ち着きました。要は、「本を買って人に贈りましょう」という運動です。

いろいろなことをしました。前提としては、読書活動に対する理解を深める。そのために本を贈る習慣の定着。本を贈るということは、その前提条件で本を買わないと贈れませんので、本を買って贈りましょうということ。それも、アマゾンなどのオンライン書店で、本を買うのではなくて、地元の書店で本を買って、その本に「自分の思いを乗せて本を贈りましょう」という運動です。

社会教育課と図書館が中心となって、いろいろな所と連携をします。特に、書店と連携する中で、全県的な運動とするためのイベントを実施していこうというものです。1年間の非常に細かいスケジュールを立てまして、イベントとそれに関わるような事業を計画し、実施いたしました。

平成26年の実績としては、募集事業が3件、大きいイベントが3件、関連イベントとして2件、読書運動の成功のために、すべて実行委員会を立ち上げています。募集事業のキャッチコピーとして、「わたしと　本と　あなたと」が最優秀になりましたが、ロゴマークを含めてキャッチコピーの募集を行い、全国から応募がありました。**写真5**が表彰式です。後列左から2人目の白いワイシャツを着ている賞状を持っている方が最優秀賞を取った方です。

写真6は、本を贈ったエピソードの募集をして、９４５点の応募がありました。

写真５　標語募集の表彰式

写真６　エピソードの表彰式

右から2人目の方が最優秀賞を取った方です。

次に、「贈りたい本大賞」ですが、これは図書館が主体となって行った事業です。これもスケジュール表を細かく作り事業を行いました。おかげさまで、2617点が集まりました。ただ単に審査員が選ぶだけではなくて、5点ぐらいに絞ったものを、今度は一般投票しようということで、最優秀を決めています。

6つの部門を作り、それぞれに最優秀賞を贈るということで、「親へ贈りたい本」、「夫または妻へ贈りたい本」、実は、この部門が一番応募総数が少なかったです。私も妻がいますが、なかなか本を贈らないですよね。もし本を贈ったら、「何?」とか思われますよね。ということで、一番ここが贈りにくい相手らしいです。それから、「子どもへ贈りたい本」、「孫へまたは孫からおじいちゃん・おばあちゃんへ贈りたい本」、「恋人、片思いの人へ贈りたい本」、一番多い部門が、やはり「友達、先輩・後輩へ贈りたい本」で全体の6割方を占めました。

写真7が表彰式ですが、高校生が3人、最優秀を取っています。応募全体の中で9割弱が学生でした。一般が少ない傾向ですが、学生が本当に協力をしてくれる中でこの公募事業ができあがっています。それぞれの最優秀を取った方と教育長と館長が並んでいます。

イベントとしては1年目でしたので、ファーストステージとして、表彰式の日の朝にパネルディスカッションを行っています(**写真8**)。八重洲ブックセンターの鈴木文彦さんに来ていただきました。「この事業は、これからこんなふうにしていったらいいんじゃないか」という話をしていただきました。同時に、山根基世

写真8　ファーストステージの様子

写真7　「贈りたい本」の表彰式

さんに朗読と講演をしていただきました。

セカンドステージでは、藤原正彦さんに来ていただき、講演や、館長とのトークをしていただいています。藤原さんは、「講演の間は、私は座りません」という方で、ずっと立ったまま講演をしています。そのあと、館長とトークショーをしていただきましたが、国語に関しては非常に造詣の深い方ですので、非常に面白い話を伺うことができました。

写真9は、サードステージの様子です。ビブリオバトル（読書会形式の知的書評合戦）を行っています。それとともに、館長の奥様である阿刀田慶子さんに朗読会をしてもらいました（写真右）。こんな感じです。写真左下はビブリオバトルをしている中学生で、写真左上のほうで賞状を持っていますが、彼女がチャンプ本になっています。６人がビブリオバトルをしています。

また関連事業として、BS11で毎週金曜日の10時から「宮崎美子のすずらん本屋堂」という番組をやっていますが、その宮崎さんを呼んで「贈りたい本大賞を語る」というパネルディスカッションをしました。館長が宮崎さんと親しいということもあって、番組とタイアップするというかたちで、これも格安で来てもらいました。

もう一つは、ご報告したいのは**写真10**の「贈りたい本の市」です。「古本市」という名前にしたら、実行する人たちが、「名前がもうちょっと何とかならないか」ということで、「贈りたい本の市」という名前になりました。新・図書館オープンの11月11日に先立ち11月９日に本の市を行いました。６月くらいから県民の皆

写真10　「贈りたい本の市」風景

写真９　サードステージの様子

さんに呼びかけて、「贈りたい本の市をやるので、図書館に無償で本をもらえないか」というお願いをして、1300冊くらいの本が集まりました。文庫本1冊10円、ハードカバー1冊50円で売りました。売り上げが2万7000円くらいになりましたが、それを全て歳末助け合い募金に寄付をしました。思いがけずたくさんの人に来てもらいました。やはり、10円は魅力なのでしょうか。

新刊本も売ろうと朗月堂さんに協力してもらいましたが、新刊本は全く売れず、非常にご迷惑をお掛けしました。「贈りたい本の市」の方は本当に大盛況で、雨の中、本当に人が来るかなと思いましたが、すごい人気な状況でした。

これらのイベントの原動力になったのが、実行委員会です。この事業を有効にかつ継続的にやっていくには、間違いなく書店に協力をしてもらわなければなりません。8月くらいに、全ての書店に協力の要請をしました。そうしたところ、徴古堂書店さん、朗月堂さん、柳正堂書店さん、春光堂書店さん、天真堂書店さん、星野書店さん、ブックセンターよむよむ新敷島店の7店が、「じゃあ、協力しましょう」と手を挙げてくれました。

9月に実行委員会を立ち上げました。ここにいらっしゃいます朗月堂の須藤令子さんに委員長になっていただき、この事業に書店は、どういう形で関わっていくことができるか、実行委員会として独自の事業をやれないかなどを考え合い、「みんなで広報を一生懸命やっていきましょう」というような話し合いを行っています。

独自事業として、**写真11**のように「ワインと本と作者と」という事業で、1回目は図書館館長の阿刀田高をお呼びし、本1冊、ワインを3杯、料理付き、作者と話

写真11　大好評の「ワインと本と作者と」の夕べ

ができて1人5000円という形で募集をしました。このときは最終的には40名弱が集まって、館長もノリノリで時間が1時間以上延長するような賑やかな会になりました。ワイン3杯では足りずに、結局そのあと1杯300円くらいで飲めるようにしていただいて、また自分たちでボトルを購入したテーブルもあり、大いに盛り上がった企画でした。一番手前左に見えているのが「本の学校」のメンバーで、文化通信社の星野渉さんです。星野さんにはわざわざ東京から来ていただいて、この行事に参加していただきました。

2回目は7月18日、山梨県立文学館の館長の三枝昻之さんをお招きしました。大きいイベントとなってきまして、3回目は、北方謙三さんにご登場いただく予定です。この日も文庫本1冊サイン付き、ワイン3杯、料理が3品くらい付いて1人5000円です。

広報としては、フェイスブックに「やまなし読書活動促進事業」というサイトを作ってあります。ぜひ、このページを見て、どんな事業をやっているのかということを見ていただければ幸いです。平成27年度については、ほぼ同じ日程で行います。「贈りたい本大賞」の日程が若干早まる予定です。誰が応募しても構いません。

山梨県立図書館のホームページの一番下の右側の所に、「やまなし読書活動促進事業」というバナーがあります。ここに平成26年度のことについては、もう少し詳しく報告が載っていますので、もしよかったらここもご覧ください。

柴野——齊藤さん、どうもありがとうございました。大変詳しく説明をいただきました。続いて、書店側の代表として、実行委員長として参画された須藤さんに、お話を伺いたいと思います。実行委員会の書店が、具体的にどんなかたちで取り組みをしていたのか、あるいは今まで図書館とどんな付き合いだったのか、今回参加して変わったところがあるか、その辺りのことをお聞かせいただければと思います。

書店と「やまなし読書活動促進事業」の関わり方

須藤――朗月堂の須藤令子です。* やまなし読書活動促進事業の実行委員会に関しては、行政の県と図書館と書店が、三者で協力して実行委員会を立ち上げて、県の事業を応援するという取り組みをしていますが、齊藤さんから詳しい説明がありましたので割愛させていただきますが、齊藤さんのご説明の中で抜けていた部分がありましたので補足させていただきます。

いろいろな活動の中であと一つ、独自に行っていることがあります。今、書店は10社に増えていますが、その10社の書店と図書館とが連動して、年間フェアを組んでいます。同じテーマで2カ月ごとに贈りたい本を選んで、それを店頭でフェアを行って活性化をしていこうという取り組み、また、この事業を広めていこうという取り組みも同時に行っています。

この事業は2014年4月に立ち上がりましたが、もともと私が実行委員会に入るきっかけとなったのは、立ち上げの前に、齊藤さんが会社に来て「4月からこういう事業が立ち上がります。ついては、書店にも協力をしてもらいたい」という要請がありました。そのときに、私は、せっかくこうして読書活動を盛り上げようという取り組みをするのであれば、書店は、ボランティアで構わないので、ぜひ、実行委員会形式にして、きちんとした形での取り組みを一緒にやりましょうという提案をしました。

そのときは、「行政が中心となっている事業で、予算が付きます。民間の人たちがそれに

＊須藤令子さん
大学卒業後、家業である有限会社朗月堂へ就職。2010年より同社代表取締役。やまなし読書活動促進事業では実行委員長をつとめる。
【朗月堂書店】 1902年、甲府の中心街に須藤孝平が設立。1979年に郊外型書店の走りとなる貢川店を開店。1991年に本店(300坪)を貢川に移し、現在に至る。

須藤令子さん

関わって何かをすると、目的がちょっとずれてきてしまうので、それはできないのです」という話でした。特に実行委員会という形ではなくて、マークを決めるときとかに個別に呼ばれて、一緒に選定を行うといったことに携わりました。そうこうしているうちに、夏ぐらいに、「やっぱり実行委員会を立ち上げることになりました」という連絡があり、募集があったので、手を挙げて入ったのが、先ほど名前が挙がった7社です。

書店と図書館が一緒になって、この事業を広めようという活動をしていますが、委員会が立ち上がって、図書館の方と社会教育課の方と非常に頻繁に話ができる状況になったときに、まず、図書館に対する印象が一番大きく変わりました。その前までは、図書館というと、納入業者だと思って上から見ているのだろうな、いつ行っても何か軽くあしらわれるし、対等に見てもらっていないと、書店は思っていました。

でも、いろいろ話をしていく中で、図書館の人たちは、書店のことを意外と敵とも思っていないし、むしろ協力してもらいたいという気持ちを非常に持っていることが改めて分かり、そうだったのかと思いました。私自身も、図書館の敷居が高く、どうすればいいのかと常に考えていたので、本当にこれはいいきっかけだと思って、実行委員会という話になったときには、すぐに参加を表明しました。

県立図書館は、とてもきれいな図書館です。書店の立場から見ると、駅から徒歩3分で、どこかのナショナルチェーンのきれいな大型書店が山梨県に攻め入ってきたような感覚です。図書館ができあがったときは、最初に、それを非常に感じました。今回、一緒に対談するということで、塩尻市にも先日行って、市立図書館を見学しました。こちらも本当にきれいな図書館で、1日いてもたぶん飽きないのではないかという図書館でした。

私が見た限りでは、山梨県立図書館と塩尻市立図書館と書店は、目指しているところが一緒です。「地域の交流の場になりたい」、「情報交換をする場所になりたい」、「ハブになりたい」と言われているところは、結局、書店が目指しているところと全く一緒であって、そこはどうしても書店と競合してしまいます。

図書館は「税金で本を無料で貸し出しする」ところ、書店は「お客様に本や雑誌などを販売する」という立場はありますが、目的が同じである以上、読書人口を増やすとか、読書の良さをもっとアピールするという意味では、読書人口を増やしていくという目的をきちんと持ってやっていき、なるべくお互いに協力し合って読者を増やして、お互いに人を送り合える環境がつくれれば、書店にとっても一番理想的です。今は、それを目指して一緒に活動を続けています。

柴野――ありがとうございます。実際に、多分、本音のところでは「難しいこと、乗り越えなくてはいけないこと」もたくさんあるかと思いますが、それはのちほど詳しくお聞きします。それでは、伊東さんから塩尻市立図書館の話をいただきたいと思います。

塩尻市立図書館のビジョン

伊東――塩尻市立図書館の伊東直登*と申します。いま、紹介していただいたので、それを継ぐ形で、少し塩尻市立図書館の話をします。

塩尻市立図書館は、新しく開館して今月でちょうど5年です。どんな図書館かという話を

伊東直登さん

＊伊東直登さん

1958年長野県生まれ。1981年塩尻市役所入庁。新図書館建設に構想から係わり、2012年4月から2016年3月まで館長を務める(同年4月より松本大学松商短期大学部教授)。

【塩尻市立図書館】複合施設「えんぱーく」の中核として2010年に新築開館。「人と情報をつなぐ」を根幹に、施設内の機能融合によるサービスの一体化、図書館外との連携による新しいサービスの創出により、地域に役立つ図書館を目指す。

イチから始めてしまうと時間がかかるので、今日のテーマに関係がある、読書推進という切り口で話をします。「信州しおじり 本の寺子屋」という事業をやっているので、その事業を山梨県さんの事業と並べて、何かの話になるのかというかたちで受けています。**写真12**は館内の様子です。

ただイベントの紹介をして、「ああ、そういうことをやっている図書館なんだ」ということでは、やはり少し寂しいので、そもそものところだけ話をします。そもそもどうしてさまざまな取り組みを続けているのかというところは、私たちは、地域に役立つ図書館という切り口を常に持ち続けている図書館ということです。

塩尻市立図書館はこういう図書館ですという話をする機会があるときは、どうしてそういうことになっているのかという話をさせていただいて、だからこんなことを目標に挙げるのかというところを、何とか胸に落としてもらう努力をします。

今日はここからスタートしなければいけないので、「人と多様な情報をつなぐ」「多様な人や機能をつなぐ」「地域とつながり、地域につなぐ」図書館を目指しているということを最初にお話ししておきます。

「人をつなぐ」という、図書館とすれば当たり前のフレーズでもありますが、なかなかはっきりと意識されません。人と情報をつなぐ、人やいろいろな機能をつなぐ、そして、地域とつなぐです。それを仕事の中でもいつも意識し続けているということを、話の前振りとしてお知らせします。私の話は、何を話してもここに尽きます。

そのためには、「機能の複合化による図書館サービスの充実と拡充」が望まれます

写真12　塩尻市立図書館

し、私たちの図書館自体が複合施設です。民間も入っている施設で、その民間の力も図書館と連携することで、お互いが市民サービスの一つの力になります。そういうことで、「つなぐ」という言葉をいろいろに使えるように仕組んでいます。多くの人たちが集まって交流するものを目指していて、その中の一つとして「本の寺子屋」が出てきます。

もう少し分かりやすく言うと、図書館の柱はいくつもありますが、今日は、大きく言って、「人と資料をつなぐ」「利用者を増やす」という二点を掲げてきました。役に立つ図書館づくりということで、人と資料をつなぐとはどういうことかというと、情報を的確に届けることです。これは、図書館のベーシックな部分です。そして、情報との新たな出会いを生むことができる空間づくりをします。この部分だけでも十分話ができますが、今日は置いておいて、もう一つのほうです。

「利用者を増やす」です。図書館は、従来、貸し出しを増やすことを一つの指標として取り組まれてきた歴史を持っています。今も別にそれが無くなったわけではありませんが、利用者を増やしていかないとダメではないかということです。須藤さんのお話で「読書人口」という言葉が出ましたが、利用者とは、要するに、「本を必要とする人」で、これを「増やす」というフレーズで図書館が役立つということは、今までにない図書館をつくるしかありません。

今までも本を読んでいる人たちを呼び込むための図書館だったら、今までどおりの図書館です。利用者を増やすためには、今まで図書館に足を運んでいない人たちをどうやって呼び込むかということになります。そういう新しい図書館を地域の拠点として生み出すことができるかどうかが、私たちの勝負どころです。

それでは、「本の寺子屋」に入ります。こちらは始めて4年がたちました。1年ごとに**写真13**のようなパンフレットを配ってやっています。パンフレットを開くと、寺子屋の授業の年間スケジュールが組んであります。1年分示して、皆さんが出てきやすい日の授業を受けてもらうという仕組みでやっていて、「信州しおじり　本の寺子屋」と命名しました。

本を書く人、出版する人、作る人、書店、図書館、本に関わる皆さんが連携して本の魅力を発信していかないと、活字離れと言われている時代に対抗できないのではないでしょうかという、問題提起のつもりです。図書館を本の寺子屋として、読者も含めて、地方発の文化の創造と発信に挑戦していきたいということで、「信州しおじり　本の寺子屋」をやっています。

長田洋一さんという、河出書房新社の『文藝』の元編集長が、塩尻市立図書館を偶然訪れて、「ちょっと『本の学校』みたいなことをしてみない？」とお誘いを受けたのが最初です。予算要求をして、それが新聞に載りました。新聞はインターネットですぐに回るので、「本の学校」の永井伸和理事長（当時）から電話がかかってきました。このときが、一つの曲がり角でした。私たちは、ひっそりとやるつもりでしたが、本家の「本の学校」にバレてしまって（笑）、慌てて「本の学校」を訪れました。「本の学校」の精神は分かっていたつもりですが、このときにじかに話を聞かせていただき、その思いをしっかりと受け止めて、私たちは帰ってきました。

そういう中で、永井理事長さんにも顧問をお願いして、平成24年に開校しまし

写真13　「本の寺子屋」の基本コンセプトと募集のチラシ

活字離れと言われる昨今の状況に対して、著者、出版社、書店、図書館など、本にかかわる人々が連携して本の魅力を発信し、出版文化の未来に寄与するために、図書館を「本の寺子屋」とし、読者も含めてここに集い、人々の知恵の交流を促すことで、地方発の文化の創造と発信に挑戦したいと考え、「信州しおじり 本の寺子屋」を運営しています。

た。書く人を代表して辻井喬さん、書店代表で永井理事長さん、筑摩書房の創立者である古田晁氏は塩尻市の出身なので、出版界の代表ということで当時の熊沢敏之社長に、図書館を代表して常世田良先生にお願いし、図書館とがっぷり四つの状態で進めていきたいという意気込みを示したかったのです。

辻井さんの所へは、ちょうどこの時期にネクタイもせずに上京してしまったので、銀座のダーバンに慌てて飛び込み、「安いネクタイをください」と言って、3割引きのものを2万円で買い、高い出張経費になりました。(笑)

次に、図書館関係です。図書館に来た皆さんに十分な情報をつないでいくという一番大切な仕事をするためには、図書館員の力をつけたい。「本の学校」は書店員ですが、私たちは図書館員ということで、こんな皆さんに講師をお願いしています。また、出版・書店関係との連携は当然あるので、私たちも書店のことを知らなければなりません。それで、出版社・書店関係の皆さんにも講師をお願いして来てもらい、それぞれいろいろな話を聞いています。

また、講座、企画展などということで、本の楽しさも発信しています。**写真14**は、『手塚治虫を装丁する』展」という、日本図書設計家協会の皆さんが、手塚治虫の本を独自に設計した本の展示会です。一番下にあるのは、宝塚市の手塚治虫記念館との連携で借りたものです。

写真15は、「うちに面白いのがあるぞ」と、市民の方が名乗り出てくださって実施した稀こう本の展示です。一番左上が、ヨハネス・グーテンベルクの「42行聖書」です。その右が、写本です。その下が、インキュナブラという、活版印刷より写本の

写真15　稀こう本の展示

写真14　『手塚治虫を装丁する』展

ほうが高級品だとまだ思われていた時代の貴重な印刷物です。その横は、百科全書派が作った本物の「百科全書」です。こんなものを借りて、図書館で現物を見せるという企画展もやりました。

今年は、「こども本の寺子屋」ということで、いよいよ子どもにじかに本の楽しさを伝えるという企画も立ち上げて、今、開催しているところです。「本ができるまでバスツアー」は、受け付けを始めたら、開館前に埋まってしまい、たくさん苦情を受けました。

地域に役立つ図書館づくりをしたいと話しました。その中で、読書を切り口に話していますが、地元書店は、当然ですが地域にとって大切な一員です。ですから、複本を減らして、その分実用書を代わりに買う、役に立つ本を買う、書店に並んでいるコミックは買わない、地元書店からなるべく買おうということは、5年前の開館のときにはっきり申し合わせをしています。

図書館はその方向で運営していましたが、そこへ「本の寺子屋」が始まりました。そこでどうなったかというと、書店からの購入量は、さらに増やす方向で動くことができました。「本の寺子屋」で作家さんたちのときには、いつも書店に本の販売をしてもらっています。

また、書店のPRをする広報誌で、表面が書店員が選んだ今月のお薦め本、裏面が図書館員が選んだ今月のお薦め本をチラシ（Book Fan Newsletter・塩尻市立図書館編集）を印刷して、毎月出しています。地元出身作家の発掘をして、トークショーや原画展をするといった、地元目線での企画も立ち上がるようになりました。

まだ5年なので、これからどうなるかということもありますが、地域の読書環境を整えたいという一心で、どちらかといえば四苦八苦状態ですが、いろいろな知恵を集め、さまざまな工夫をしてきています。

柴野——伊東さん、どうもありがとうございました。私もかつて出版業界にいたことがありますが、出版業界は読者のためにこれだけの努力をしてきたかと考えると、本当に頭が下がります。考えられることを全部やっていらっしゃるのではないかという気がします。たくさんのご努力がある中で、ずいぶん絞ってお話をいただきましたので、皆さん、ぜひ塩尻市立図書館に一度いらしてください。

それでは、限られた時間ですが、後半のディスカッションに入りたいと思います。齊藤さん「課題をちょっと飛ばします」とおっしゃいましたが、多分いろいろな課題が、いろいろなフェーズであります。それについて、最初に、齊藤さんから、少し問題提起をしていただいてよろしいでしょうか。

パネルディスカッション――これからの図書館の課題

齊藤——実は、私は高校の国語の教員です。山梨県は、歴代の図書館の館長を高校の校長が務めるという申し合わせがありました。阿刀田さんを館長に迎え入れたときから、副館長を高校の校長がするということで、現在、出向みたいなかたちで図書館に勤務しています。

いろいろな県立図書館を見ていると、館長は行政職の方が多く、2年くらいで代わります。司書の方もいますが、8割くらいは行政職です。私は、行政職でもないし、司書でもないということで、この事業ができたのかなあと、自分では思っています。

それというのは、司書たちが書店を見る目は、結構、厳しいものがあります。いわゆる納入業者だという視点が、どちらかといえば強いです。書店と共同して販売に協力することを一緒にやろうなんていう考え方は、ほとんど持っていません。本は好きだが、やはり図書館は、無料で貸すので、買うという行為について協力するという意識は、あまり好ましくないと思っています。ですが、私は、教員という立場もありますが、特に子どもの本なんて、やはり本当に好きな本は、自分で買って手元に置いておくべきだと、常に思っています。これは、阿刀田館長も全く同じことを思っています。

そういう中で一番の課題は、いかに図書館の司書が中心となってこの事業をやっていくかということです。私は2016年3月には退職してしまうので、この事業を推進していく人がいなくなります。では、この事業を誰がやっていくかと考えたときに、一番大事なのは司書だと思っています。司書の意識をどうやって変えてこの事業を進めていくのかという、意識の変革です。結構変えることができたと思ってはいますが、まだ足りません。図書館としては、この辺が一つ大きい課題かと思っています。この事業をやってから、いろいろな所に呼ばれて、「あなたがいたからこの事業ができている」みたいなことを言われ、半分うれしくて半分寂しく思っています。来年、私はいないので、この事業を継続的に進めていくためには、人を育てなければいけません。そのためには、図書館の司書だけではなく、いろいろな関係の人たちの意識を変えていかなければいけないというのが、課題だと思っています。

柴野――一番の点として、意識という話がありました。伊東さん、実際に図書館の中でこれだけの新しい取り組みをされてきたわけですが、その辺のお考えは何かありますか。

伊東――意識改革というのは、逆に言うと、意識がないとできないことです。前の図書館、その人が正直どうだったかをうまく比較ができるわけではありませんが、今でもやはり言えるのは、「図書館って、本を置いてあるだけ、そして貸すだけということではダメだよ」ということです。

もちろんそれは職員だけではなく、市民の皆さんも同様で、だから「用がない所だ」と思われてしまうということも逆にあります。その辺を、「どういう場なのだ」あるいは「どういうことができる場所なのだ」みたいなことを、広報だけの問題ではなくて、実際はやらないことには動かないし、いけないのだろうと思っています。

ただ、「本の寺子屋」も、いまでは毎年のプログラムを考える際に、私の案がすぐ却下されるぐらい、職員が一生懸命考えてくれているのも事実です。やはりいいものをつくろうというモチベーションを、今みんなが持てているという気はしています。

柴野――それは何か具体的なきっかけ、例えば勉強会とかそういうものがあったのですか。

伊東――それは少し深い質問です。塩尻の場合は、図書館建設にあたって反対運動がありました。単なる読書の館ということを乗り越えないと、新しい図書館づくりが進まなかったという、一つ波を越えるという経験を経ています。だから、新しい図書館とは、すなわち、読書が大好きな皆さんはもちろん包み込むけれども、もっと大きく人々を納得させるものをつくらないと、「あんなものをつくりやがって」になってしまうので、そうはさせまいということでの努力があったと思っています。

柴野――大事なお話ですね。もっとじっくり伺いたいところですが、須藤さん、書店側として、その辺はいかがですか。

須藤――今、意識の話がありましたが、図書館は、行政に守られている機関です。書店は、逆に、売り上げが減れば潰《つぶ》れてしまいますから、そういう意味では、危機意識は常に持っています。ただ、もちろんバブルの頃の「置けば売れる」みたいな時代も過去にありました。その頃は、もしかしたら書店にもそんなに危機意識はなかったと思います。

今、業界全体が縮小して、小さい書店がどんどん潰れていって、本当に本を読む機会、本を買う機会、本に触れる機会が減り、本が生活からどんどん離れていく気がする中で、各地の図書館が、今、すごく頑張って、いい図書館をつくり、職員の方の意識、モチベーションを上げていって、いい図書館がどんどん増えることで書店の状況が悪化していくのは、私にも想像できるし、そうなってはいけないと思います。

現状で図書館がやっていることは、たぶん図書館をとてもいい図書館にして、人をたくさん集めて、みんなにどんどん喜んでもらおう、読者を増やそうという活動だと思います。今、私たちがやっている活動は、その先で、増やした読者に、もっと本を買う楽しさも図書館として啓蒙してもらいたいです。

ただ図書館に人を集めて終わりではなくて、図書館を利用する目的と、書店を利用する目的は別なものなので、こういうときは書店で本を買ってください、こういうときは図書館を利用してくださいといったことを図書館から提案してもらえると、書店としても、ぜひ図書館に協力したいという気持ちがますます起こると思います。

柴野——齊藤さん、須藤さんから取り組みを図書館と一緒にやるところもリポートいただきましたが、その辺で何か意識が変わられたようなことはありますか。

齊藤——1年終わったところで、阿刀田館長から、「1年間この事業をやってみて、手応えとか感想はどうなの?」と聞かれました。私は、「一つ一つのイベントだとか、募集事業が成功したっていうのも何よりだけど、それ以上に、書店さんと一緒に事業をしたっていうこと、そういう外部の団体と共同して事業ができたことっていうのが、一番の成果だ」という話を、館長にしました。

今まで山梨県立図書館が、外部組織と共同して何かをすることについてどれだけ足りなかったかということが自覚できました。それとともに、職員の意識が、そういう外に向いていませんでした。どちらかというと、来た方に対するサービスの提供に重きを置いて、その先になかなか持っていけませんでした。

特に、古い図書館は年間15万人ぐらいしか入らないような図書館だったのが、新しい図書館になって、いきなり90万人という数字になって、来館者の対応だけに追われています。今まで一番多く入ったのは、1日に6800人ぐらいです。そんな状況だと、職員が、来館者の対応、直接サービスに本当に追われていて、外に向かって何かしようという意識は、なかなか持てませんでした。今は2200人ぐらいだと、「今日は暇だ」という感覚です。先週末は4800人ぐらい入っていますが、そこぐらいになると、「ちょっと忙しいかな」というように、みんなの意識が若干変わってきて、直接的なサービスではなくて、もっとそれ以外のことをしなければいけないという意識を少しずつ持てるようになってきました。そのきっかけとしてこの事業があるという話を阿刀田としながら、私の実感としても、その辺が一番大きいことかと思っています。

柴野——ありがとうございます。まず阿刀田館長の一つの提案から始まり、外とのつながりで図書館のありかたを考えるという話が出てきました。さらに、読者なども巻き込みつつ、広がりというテーマも展開しつつあると思うのですが、そのあたりを少し補足していただけないでしょうか。

齊藤——県民運動にしたいという思いはあります。イベントが三つ、募集事業が三つ、どちらかというとそちらのほうが目立っていて、募集事業とかイベントだけ成功したらいいみたいなかたちになっています。将来的には、それを読書活動にどうやってつなげていくのか、その先にある本を買うという行為にどうやってつなげていくのかという、大きい問題があると思います。

それには、やはり4、5年継続してこの事業を続けていかない限り、その結果が見えないと思います。1年、2年ですぐ結果が出るものではないし、本が売れたかどうかも、どういう原因なのかも容易にはつかめないので、本が売れたような感じがしていても、この事業のおかげかどうかというのは、なかなか実感として持てないと思っています。

いかに継続した県民運動にしていくのか。そのためには、何が必要なのかとなったときに、意識を変えることと同時に、市町村立図書館をどうやって巻き込んでいくのかということです。より住民に近い図書館に、どういう形でこの事業に参加してもらうのかという中で広まりを持っていくことができるのだろうと思っています。

柴野――市町村立図書館という話が出ました。その点、地域とのつながりというところで、伊東さんから何かアドバイスをいただけることはあるでしょうか。

伊東――アドバイスではありませんが、私の立場でいくと、むしろ市町村立図書館が、やらねばならない一番のところではないかと思っています。残念なことに、日本を全国的なところで見ると、書店がかなりなくなっているという事実ももちろんあります。図書館しかなくなってしまった所は、逆に、図書館が全てをカバーするという仕事が現れているのかもしれませんが、そうではない所、塩尻の話で言うならば、本を買う、あるいは借りる形での読書環境が一部残せているということをやって当たり前だと思っています。

その辺は、都道府県別での事情は多分違うと思います。特に山梨県のような実行委員会は、日本中にありません。これだけの取り組みは、逆に、レアな話で、市町村がそれぞれ単独で頑張っているということだと思います。その一つとして、「改めて、頑張らなければ…」というお話は、ただ難しいと思って聞いていたところです。

柴野――ありがとうございます。須藤さん、いかがでしょうか。

須藤――市町村立図書館との連携という部分ですか。

柴野——広がりという部分、あるいは今の山梨の取り組みで、まだ少し全体的に足りないという部分で、多分そこに今の市町村立の問題も関わってくると思います。

須藤——この事業をやっていくうえでは、市町村立図書館とのつながりをきちんと持っていくというのも必ず必要になる部分だとは思います。でも、現時点ではちょっとそれが難しいということで、県立図書館と書店と行政でやっています。

この事業を継続していくと考えると、例えば、齊藤さんは来年お辞めになります。館長の座は2年で代わります。阿刀田館長は、今のところ、継続しておられますが、例えば、今後阿刀田館長が館長ではなくなって、今度、どこかの校長先生が出向して2年ごとに図書館の館長が代わるという状況になったときは、今のような関係性はもしかしたら築けないのではないかという危機感はあります。

そういう意味で、今、齊藤さんが一生懸命スタッフの意識を変えて、スタッフが中心となって行っていく事業に変えていくようにと頑張っているという話をされていました。教育庁と図書館という行政と書店の三者が一緒にやっている事業ですが、実際にこの運営をしていくのは、図書館と書店の二者だと思います。そういう意味で、図書館と書店との連携をきっちり深めていくのが、やはり一番大切なことだと思っています。

継続してその関係性を深めていくことを考えると、これは、どうしても納入問題に行き着いてしまう気がします。やはり納入業者という意識を図書館の司書が持っている限りは、「一緒に何かやろうよ」というスタンス……、たまたま事業を立ち上げているから、トップがやるという意識を持ってやっている以上は、みんなも従っていますが、トップの考えが少し変わって、この事業にあまり力を入れなくなったときに、スタッフがどこまでモチベーションを上げてくれるかは、書店とのきちんとした連携が取れているところが一番重要になってくると思います。そこは、ぜひやっていただきたいと思っています。

柴野——そこについて、今のアイデアレベルでもいいのですが、何か具体的な提案、あるいは書店の中でちょっと出ているような話はあるでしょうか。

須藤——納入に関してですか。

柴野——というか、継続的にやるモチベーションを維持していくにあたり、納入も含めて、もしあればお願いします。

須藤——これは話が少し変わってしまうかもしれませんが、モチベーションは、書店としても維持するのは大変だと思っています。何でかというと、直接的に売り上げにつながることではないし、大変手間も掛かって、現状では、図書館の応援をしているという状況でとどまっています。実際、それが書店に戻ってきているわけではありません。

今は、図書館に集まった人たちが、「図書館のイベントが盛り上がって良かったね」で終わってしまっているので、それをどうやって書店に還元していくのかも考えていかないと、書店がこのままこの事業に携わっていくのは、モチベーションが続かないと思っています。

ですから、書店としても、例えば日本書店商業組合のような、組織としてきちんと関わっていく必要があると思っています。そういう中で、例えば、書店が本を提案して、図書館の実際の現場の人と一緒に選書をする作業ができれば、関係性も少し変わっていくと思います。

柴野――それに対して、齊藤さん、いかがでしょうか。

齊藤――この事業は、県の予算が付いています。館長が知事に直接話をして、平成26年度が200万円、今年も200万円付いています。多分来年も、若干シーリングが掛かるかもしれませんが、何とか予算が付くだろうと思っています。でも、3年で見直しされるので、その次の年度は、付かない可能性が高いと思っています。

そのときにどうするかというと、一番大事なことは、やはり実行委員会が中心になって実施していけるかどうかだと思っています。実行委員会形式でもって、寄付をいろいろ募り予算を何とかするとか、事務局をどうしていくのかという辺りです。実行委員会形式になると、図書館に事務局を置けなくなるんです。行政が直接には担当できなくなるので、実行委員会の事務局をどこに置くのかという問題が出てきます。そこを見越しながら、今年、実行委員会の中で、そうなったときに、では、どうしていこうかということを少しずつ議論し始めているところです。

そのために、実行委員会に星野さんに入ってもらったり、今度、原書房の成瀬雅人さんに入ってもらったり、河出書房の小野寺さんにも、「入りませんか」という話をしながら、広がりを持たせていこうとしています。書店だけではなく、出版とか流通も含め、いろいろな方が実行委員会に入る中で、この事業を本当に継続していくにはどうしたらいいかという議論をしていきたいと思っています。次に、地元の企業です。外の力も大事とは思っていますが、山梨で始めた以上、山梨の地元の理解がどれだけあるのか。県民運動にするためには、悪阻も重要だと思います。

私は、最終的には読者だと思います。読者が、どれだけこの事業を理解して、この事業に参加できるのか。読むのは読者なので、その人たちが、本を読もう、本を買おうという気持ちにならなければ、この事業は成功しません。そこにどうやってみんなが目を向けるか、「イベントが成功したからいいよね」で終わっているものを、みんなの読書活動にどうやってつなげていくのかは、大きい課題だと思います。

図書館にしても、利用者を増やす、その中で読者を増やすのは大きい課題としていますので、この事業の考え方と同じだと思っています。これは、多分書店も同じです。本好きを増やすことによって、買おうという気持ちになる、大事な本は自分の手元に置こうという気持ちになる運動にするにはどうしていくのかということが、ものすごく大きい課題だと思います。

簡単な処方箋があれば、本屋はもっと儲《もう》かっているはずです。それがないから、なかなか本が売れません。小さい県で取り組みを始めたことですが、どこまで広げられるのか。阿刀田は「サン・ジョルディの日」みたいに、全国的な運動にしたいとしています。

4月23日がサン・ジョルディの日だというのは皆さんご存じでしょうか。昔、本を贈ろうという運動がありました。今は、その名残で子ども読書の日になっています。バレンタインデーにチョコレートを贈るのだったら、文庫本1冊のほうがずっと安いという思いもあって、お菓子業界の思惑に乗せられてチョコレートを贈るのではなく、出版業界の呼びかけに応じて本を贈るようになったというと、すごい話だと思っています。そこまでは、阿刀田館長とも見据えています。

4、5年で結果が出るものではないと思っています。もっと大きいうねり、流れにするためには、いろいろな人の協力が必要だし、そのためには、私たちも一生懸命広報したり、理解をしてもらうことが必要なので、こういうシンポジウムは、本当にありがたいと思っています。

柴野――地域の読書環境をつくって、それを継続していくために、どれだけの広がりで、いろいろな人たちを巻き込んでいくかという話ですね。4、5年はという話も出ましたが、今年5年目を迎える塩尻市立図書館の伊東さん、いかがでしょうか。

伊東――今、お話を聞いていた中で、「納入業者感覚」という言い方をストレートに聞いたのは初めてです。そういう意味では、私は、逆に行政から来た人間で、行政経験のほうが長いです。むしろ「市民は神様の立場」でずっと来たので、そういう感覚をほとんど持ち合わせていなかったものだから、逆に、ちょっとびっくりしました。

確かに、商売ですから勝ち負けとかいろいろあるかもしれませんが、「始まったな」という感覚が大事だと思っています。実は、私たちも、これが始まって書店と一緒にいろいろな事業をやりました。やはり経験してみないと分からないというか、聞いてみないと分からない話がいっぱいあるということを、今日も思いましたが、あらためて感じました。逆に「そこからでいいんじゃないのかな」みたいなことを、ちょっと思いました。

今振られた話は、読書をやっている図書館というか、先ほど紹介した話は、本を読んでもらうということに入ってくるので、図書館の仕事としては直球です。ちょっと使えるなと思って用意してきた例が少しあり、その話をします。

写真16は、2014年7月に塩尻市立図書館児童コーナーに展示した実物大のナウマンゾウです。3・2メートルの高さがあります。ナウマンゾウは現物を見てもらったほうがよほどいいですが、注目すべきは、ここに会社の名前が二つ入っています。片方は3Dのキャドを持っている会社（プロノハーツ）、片方が段ボールの会社（中信紙工）です。そこの工房を出たあと、図書館が1カ月半展示しました。

写真17は、今までの図書館ではあまりありません。これは展示コーナーというスペースで、あそこに小さなナウマンゾウがあります。信濃町という所にある野尻湖ナウマンゾウ博物館の展示物をお借りして、塩尻市立図書館で展示している風景です。こういうものを持ってきて、展示会をやっています。

その流れで、夏休み中に野尻湖ナウマンゾウ博物館の酒井潤一館長に来ていただいて講座を開く、あるいは化石見つけのワークショップ（化石のレプリカ作り・鉱物観察・泥炭層から化石発掘）を開催しました。

この講演会とワークショップは「本の寺子屋」の2014年の一講座ですから、「本の寺子屋」の一講座の授業としては、そこで本とつなげて成り立っています。ところが、その中で、ナウマンゾウの大きさを子どもに見せたいという話が出て、最初は、発泡スチロールで作れる方がいて、その方と話が進められていたのですが、お子さんを妊娠されてちょっと無理になり、ダメかと思ったところへ、先ほどの2

写真17　野尻湖ナウマンゾウ博物館の展示

写真16　ナウマン象の展示会

社に話がつながりました。両方とも市内の会社です。そして、実物大のナウマン像の展示が実現しました。一大ニュースでした。

そこまでだとまたそれまでですが、広告掲載制度という、その会社の広告を図書館の雑誌カバーに載せる制度に発展しています。さらに段ボールの会社ですが、段ボールは木が原料になります。「木育」という言葉があります。子どもを木に触れさせようという、食育ならぬ木育（**図1**）です。塩尻市はそのイベントをずっと組んでいて、そちらのほうへ話が発展しました。

また、「ファブラリー」は私が作った言葉で、ファブリケーション・ライブラリーの略です。要するに、ものづくりのきっかけを図書館がやりたいということで、今年、３Ｄプリンターを図書館で買います。その会社に手伝ってもらい、子どもたちに３Ｄに触ってもらう機会を提供するという図書館に発展しようとしています。

ぴんとこないかもしれませんが、**写真18**はデトロイトの図書館です。上に書架があり、図書館の中だと分かります。新しい図書館ではないので、囲いをわざわざ作って、その中に３Ｄプリンター、レーザーカッター、ペーパーカッターとか、世界基準で決まっている７つの機械を入れて、若者が自分でいろいろなものを試して作るという、図書館の取り組みです。そういう図書館の取り組みに発展させていきたいと、私たちは思っています。

だから私にとっては、広がりというのはどこかとつなぐことで広がっていく、ネットワーク化していく、その先に、当然書店もあれば、何もあれば、それで地域ができてくるということではないか。きれいごとですが、それすらも思わなかったら、

写真18　デトロイトの図書館

図１　初めての「木育」の実施

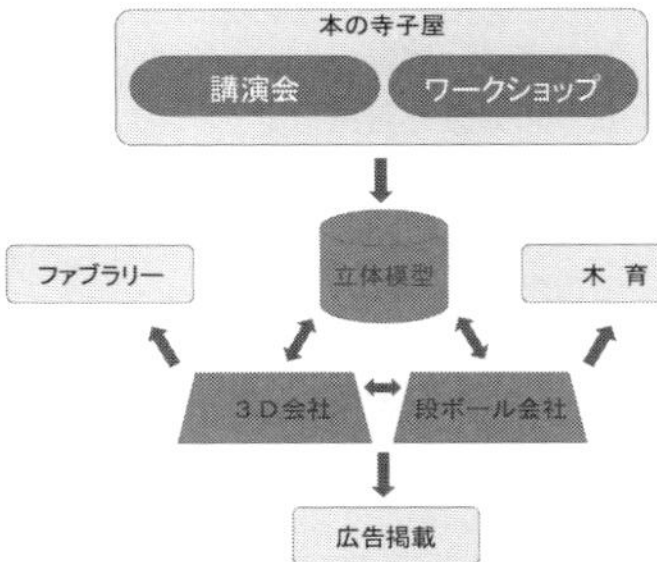

何一つ始まらないと思っています。だから、その中でできることからしていきたいと思っています。

原点はここにあって、利用する人を増やす。塩尻市立図書館の貸し出し者数は、ここ1年、2年落ちています。ところが、利用者数は微増しています。1人当たりの貸し出し数が減っています。これがどんどん増えないと困りますが、微増しかしません。これもともに落ちてくるようならおしまいかもしれません。何とか微増が続くように頑張りたいと思っているのが、今の私たちの夢の方向です。

資料1は、広島県にあるウィー東城店の佐藤友則さんがお書きになられた『これからの本屋さんを目指して』(明日香出版社刊)の77ページにある図です。本屋さんもこういうことを考えています。これを見たときに、「これだ」と、私は思いました。この中に「図書館」をもう1個入れてほしいと思いました。

いろいろなこととつながると本屋は面白くなるぞと、本屋さんが一生懸命考えています。**資料2**は、塩尻図書館の目指す考えですが、図書館も夢の実現に向けて、それを一生懸命様々な試みを実施しています。

未来へ向けて――それぞれの想い

柴野――どうもありがとうございました。最後のセッションになると思います。この会場には、本当にいろいろな方がいます。図書館、書店、出版社の方もたくさんいます。あるいは、大学の方もいます。そして皆さん、読者でもあります。この会

資料1　本屋さんを巡る環境

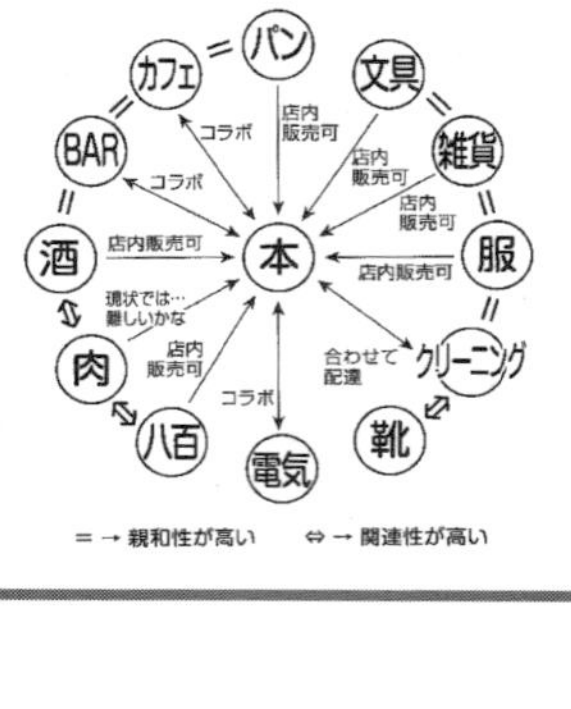

資料2　塩尻市立図書館の目指すもの

◇人と資料（情報・人）をつなぐ図書館が役立つ図書館を目指して、
- 情報を的確に届けること
- 情報との新たな発見や出会いを創出すること

◇利用者（本を必要とする人）を増やす図書館が役立つ図書館を目指して、
- 今までに無いサービスを提供すること
- 新しい図書館を地域に生み出すこと

場に今いる方を全員含めて、最後にディスカッションを締めたいと思っています。

対象は出版社の方、読者の方、地域の大学の方でもいいです。「こういうことについて、一緒にこんなふうに考えていきませんか」というメッセージを、お一人ずついただきたいと思います。特に須藤さんは、駅前に図書館ができて、いろいろ危機感を覚えていらっしゃいます。それでもなぜこの事業に加わっていかれるのかというところも含めてお聞かせいただければ。ちょっと欲張りですが、お願いします。


須藤——私は、書店の立場としてここに居ます。書店の立場として、図書館は脅威だという前提で話をずっとしているので、厳しいことばかり申し上げているかもしれません。でも、私は、この事業が立ち上がる前から、図書館との垣根を何とかなくしたいとずっと思っていました。

図書館に用事があったり、ないときに図書館に行って、司書の方と結構話をしていました。そうすると、齊藤さんは、「いや、司書は、結構モチベーションが低い」、「全然やる気がない」と言われていましたが、「書店と一緒に何かやりたい」というのは、司書の方と個別に話をする中で言ってもらっていました。

私もずっと話をしていましたが、やはり何か目的がないと駄目です。一緒に何か大きなイベントをやって、それに向けて、例えば、話し合いの機会を設けながら一緒に飲みに行ったりしないと、多分気持ちはなかなかつながっていかないのではないかという中で、「何かイベントをやりたいですね」と、ずっと言っていました。

その流れで、やまなし読書活動促進事業という事業が立ち上がって、これは図書館とつながるチャンスだと思いました。それはもちろん競合もしますが、だからといって、敵視だけをしていても、この業界は縮小の一途をたどっていますから、そんな細かいことを言っていてもしょうがない、やはり協力できるところは協力して、今まで敵と思っていた人たちとも手をつなぎながら……。

書店同士もそうです。今までは競合していたのですが、そんなことを言っていられないから、地域の書店同士も手を組む、図書館とも手を組んで業界全体を盛り上げていかないと、私自身、絶対生き残っていけないと思ったので、参加しました。

また、この事業を広げていくには、書店がキーになっていると思います。メンバーの中で変わらないのは、書店だけです。図書館の、特にトップは代わっていきますから、ずっと変わらない書店と、図書館の司書の先生たちが、どれだけ協力態勢を取れるか。そして、業界のほかの出版社、取次会社、印刷会社、いろいろな方々が一緒になって協力して、この事業を全国に発信していくことが、この業界を持ち直す……とまでは言いませんが、何とか維持させる手段ではないかと思っています。協力したいという方がここにいたら、いつでもご一報いただければと思います。

柴野——どうもありがとうございました。では、齊藤さん、お願いします。

齊藤——一つ弁解をさせていただきます。うちの司書は決してモチベーションが低いということはありません。とにかく来館者の対応に追われていて、外とつなごうという意識が低いという点で話をしたことだけ理解をしてください。

広報活動の中で、何が一番広まるものかと思うときに、私は口コミだと思っています。インターネットの時代になってきて、ホームページとかも開いていますが、それを見ることができない人もいると思います。そんな中で、あるものが広まるのに一番大きいのは、本当に口コミだと思っています。

ですので、今日いらっしゃった方が、「山梨でこんな面白いことをやっているよ」と2人に言えば、その2人がまた2人に言えばということで、どんどんつながっていく、物事は広まっていくと思います。今日の話をぜひ持ち帰って、どこかでみんなに話をしてください。

そして、「贈りたい本大賞」は、どなたでも権利があります。山梨で「贈りたい本大賞」をやっているので、ぜひ応募するように話をしてもらえるとありがたいです。

柴野――どうもありがとうございました。では、伊東さん、お願いします。

伊東――本や雑誌の売り上げが下がり続けているのは、私が言うまでもありません。それもあって、図書館サービスに対して厳しいご意見が出ています。でも、ここのところ、図書館の貸出数も一緒になって下がっています。「読書」を考える関係者にとっては深刻な状況なのではないでしょうか。

1年間に本を借りている人は、市民の15％がやっとで、そんな程度です。その中には、先生に連れられてくる保育園児とか、保育園は団体貸し出しが多いですが、子どもたちが当然入っているので、年齢別割合で言うと、子どもの割合が多少多くなります。そうすると、「大

第４分科会会場風景

人の中で本を借りているのは、10%がいいところ」みたいな話になってしまいます。片や、人口減少の話、活字離れで本を読まなくなったという話が、そこにかぶさります。真っ暗という話です。私が言いたかったのは、「それを取り合うの?」ということです。

うちの図書館の目的は、利用者を増やすことです「1年間のうちで図書館利用をした人を50%上回りたい」というのは、私の目標です。活用するというのは、借りる人ばかりではありません。新聞を読むだけの人ももちろんいます。本の寺子屋を聞きに来るだけの人でもカウントします。実際にはその足し算はできませんが、その皆さんが50%を超えれば、2人に1人以上が、図書館がこの地域にあって良かったとなります。書店の問題を脇に置いての話なので申し訳ありませんが、そんな所にしたいという目的を持っています。

「塩尻市立図書館は頑張っている」と言われている割には、数字はまだまだ全然低いです。だから、それを取り合うのではなくて、本を必要とする人を増やしたい。ナウマンゾウでも何でもいいので、そんな切り口で、図書館でもいい、本屋でもいい、一度足を運んでもらって、ここへ来るとこんな出会いがあるとか、関係ないと思っていた人が、実はいろいろな出会いになる、そんな機会をつくりたいというのが、私の願いです。

信州大学の山沢清人学長が、「スマホをやめますか、それとも信大生やめますか」と言って話題になりました。文字離れだと言われている割には、みんなスマホを一生懸命読んでいます。だから、「読んでいるじゃないか」と言う人がいます。

本の中で想像力をたくましくする読書と、スマホで「ハロー」みたいなのがいっぱい飛び込んでくる情報とは、やはりモノが全然違うということを図書館も書店もはっきり言っていかないと、何か違うのだろうということが、世の中的にまだ認知されていません。だから、それを言うことで、本の大切さみたいなものをＰＲする役割も私たちはしなければいけないと思っている今日この頃です。

柴野――どうもありがとうございました。「本当に、まず始まりが大事なんだよ」という話がありましたが、このテーマについては、もっとずっといろいろなかたちで関わっていきたいと思います。これを機会に、ぜひ皆さんからも問題提起をしていただけるとありがたいと思います。

司会の不手際で質疑の時間が取れなくて、大変申し訳ありませんでした。最後になりましたが、もう一度、パネリストの方々に拍手をお送りしたいと思います。以上で散会にしたいと思います。本日はどうもありがとうございました。（終了）

『本の学校』のルーツとNPO法人化

『本の学校』の源は二つあります。一つは、鳥取県民のブックインとっとり'87「日本の出版文化展（通称、「本の国体」）」です。県民の実行委員会で県内３市で模擬図書館をつくり、延べ10日間に県人口の１割を超す６万7000人が参加した、読書の推進や市町村図書館や地方出版活動の振興を図る読者運動でした。

もう一つは、明治・大正・昭和の生き証人として「ドイツ書籍業学校のような専門職を育てる学校設立を」と孫三人（今井直樹、田江泰彦、永井伸和）に言い続けた今井書店三代・今井兼文の遺志です。1992年今井書店グループ創業120周年事業として『本の学校』構想を発表、93年２月、出版評論家・小林一博さんの助言で『本の学校』準備会の下、山陰運営委員会、東京運営委員会を立ち上げました。

そして同年９月に４名でドイツの出版流通と書籍業学校を視察いたしました。95年１月、国立公園大山を仰ぐ鳥取県米子市に『本の学校』と実習研修店舗をオープンし、地域を原点に、「生涯にわたる読書の推進」、「出版界や図書館界のあるべき姿を問うシンポジウム」、「業界書店人の研修講座」を本の学校の三原色と呼んで始めました。

その夏には小林一博さんのデザインにより「地域から描く21世紀の出版ビジョン」を総合テーマに実行委員会が大山緑陰シンポジウムを開催、当時の岩波書店社長・安江良介さんの今日を予言する基調講演「高度情報化社会と地域」を皮切りにメディアの変容に遭遇した世紀末の五年間、著者から読者まで、出版界、図書館界、教育界、マスコミ界と垣根を越えた横断的な二泊三日の合宿シンポジウムに延べ2000人が集い、95年～99年までの五冊の記録集を残しました。

大山のたいまつは若い世代に手渡され、2006年から「本の学校・出版産業シンポジウムin東京」として継承されています。

このような流れの中で、若い世代の「本の学校ネクスト」は、３年越しの法人化の取り組みを終え、2012年３月に事務局を鳥取県米子市『本の学校』の実習研修店舗に置き、山陰と東京の２拠点から全国へと、「本」との出会いと、知の地域づくりを目指し、より中立的で、著者から読者まで横断的な特定非営利活動法人として再出発し、『本の学校』の４つの事業を推進していきます。

こうして再生されたNPO法人『本の学校』の行方は定かではありません。厳しい経済環境の中で、NPO法人『本の学校』は、その厳しさを乗り越え、2015年に認定NPO法人『本の学校』へと発展し、若い方々に受け継がれ、現在を歩んでいます。

（文責：記録集編集部。「本の学校」記録集2012年版第１分科会報告を基に、その後の情報を追補いたしました）

『本の学校』の4つの事業

１「生涯読書」推進事業
「母親の胎内から老後まで、生涯を通して読書を楽しんで欲しい」という思いのもとに、実践活動を行い、ネットワークの輪を広げます。

２「出版の未来像」創造事業
東京国際ブックフェアに合わせて行っている「出版産業シンポジウムin東京」を通じ、出版・書店・図書館のあるべき姿について考える場を提供します。

３「出版業界人」育成事業
山陰での「出版業界人基本教育講座（春講座）」、東京での「本の学校連続講座」を通じ、書店人育成のためのカリキュラム作成を行います。

４「学びの場」拡充事業
市民と地域の自立を育む図書館、書店、教育研究機関などの協力による知の地域づくりと学びの場を拡充します。

●編者：『本の学校』紹介

一九九五年、鳥取県米子市に、今井書店グループ創業120周年事業として設立。

出版業界の実習を兼ねるモデル書店と出版文化を理解するための『本の学校』の常設施設と、東京の2拠点で研修や講座を続けている。2012年3月『NPO法人　本の学校』になり、さらに2015年7月『認定NPO法人　本の学校』として、新たに生まれ変わった。

1995年～99年まで「本の学校・大山緑陰シンポジウム」を開催。2006年～2015年まで「本の学校・出版産業シンポジウムin東京」を開催、2016年その第11回目を開催する。

●主な著書

出版産業シンポジウム2007記録集
『書店の未来をデザインする』
出版産業シンポジウム2008記録集
『出版産業再生へのシナリオ』
出版産業シンポジウム2009記録集
『出版産業改革待ったなし！』
（以上、唯学書房発行）
出版産業シンポジウム2010記録集
『出版デジタル化の本質を見極める』
出版産業シンポジウム2011記録集
『書店の未来を創造する』
出版産業シンポジウム2012記録集
『本との出会いを創り、育てるために』
出版産業シンポジウム2013記録集
『書店と読書環境の未来図』
出版産業シンポジウム2014記録集
『変える、広げる本との出会い』
出版産業シンポジウム2015記録集
『「本」をめぐる新たな見取図』
（以上、出版メディアパル発行）

本の学校・出版産業シンポジウム2016への提言
（2015記録集）
『「本」をめぐる新たな見取図』

発行：2016年9月15日　第一版第一刷
編者：認定NPO法人　本の学校
発行所：出版メディアパル
〒272-0812　千葉県市川市若宮一の一の一
TEL&FAX：047-334-7094
e-mail：shimo@murapal.com
URL：http://www.murapal.com
編集：本の学校・出版産業シンポジウム記録集編集委員会
編集サポート：出版メディアパル
DTP組版：出版メディアパル&今井印刷株式会社
印刷・製本：今井印刷株式会社

ISBN 978-4-902251-56-2